ちくま学芸文庫

「おのずから」と「みずから」

日本思想の基層

竹内整一

筑摩書房

序

高村光太郎に、「火星が出てゐる」という次のような詩がある。

火星が出てゐる。


要するにどうすればいいか、といふ問は、／折角（せつかく）たどつた思索の道を初（はじめ）にかへす。

要するにどうでもいいのか。／否、否、無限大に否。

待つがいい、さうして第一の力を以て、／そんな問に急ぐお前の弱さを滅ぼすがいい。

予約された結果を思ふのは卑しい。／正しい原因に生きる事、／それのみが浄（きよ）い。

お前の心を更にゆすぶり返す為には、／もう一度頭を高くあげて、
この寝静まつた暗い駒込台の真上に光る／あの大きな、まつかな星を見るがいい。

……

おれは知らない、／人間が何をせねばならないかを。

おれは知らない、／人間が何を得ようとすべきかを。

おれは思ふ、／人間が天然の一片であり得る事を。
おれは感ずる、／人間が無に等しい故に大である事を。
ああ、おれは身ぶるひする、／無に等しい事のたのもしさよ。
無をさへ滅した／必然の瀰漫よ。

昭和二年、高村四十四歳のときの作品である（傍線は引用者。以下断りのない場合、同）。ある夜火星を見上げながら人生に思いをめぐらしながら、ある差し迫った事態に決意をかためていく、といった内容の詩である。

ここでは、「要するにどうすればいいか」という問い、「人間が何をせねばならないか」「何を得ようとすべきか」という問いは、問い自体が保留され、答えはもっぱら、〝必然〟に生きることに求められている。

おのれを「天然の一片」と思い、さらに「無に等しい」ものと感ずることにおいて、そこに天然、必然の働き（それが火星に象徴される「第一の力」である）が働いてくるというのである。「無をさへ滅した／必然の瀰漫（広がり――引用者註。以下〔〕内は同）」である。その働きは、自然とも「おのずから」とも言い換えられ、高村生涯の生の指標であった。

しかし、そこでの、おのれの「無に等しい事」「弱さを滅ぼす」ことという自己把握は、けっして自己の、「おのずから」への解体、解消ではない。自然の「おのずから」に生きることは、かえって今ここでおのれが、もっともおのれでありうる「正しい原因に生きる事」だというのである。

――「何を措いても生（いのち）を得よ、たった一つの生（いのち）を得よ……／自然を忘れるな、自然をたのめ／自然に根ざした孤独は、とりなほさず万人に通ずる道だ」（「冬の詩」）、「ああ、自然よ／父よ／僕を一人立ちにさせた広大な父よ」（「道程」）とは、高村のくりかえし訴えるところであった。

自然の「おのずから」に生きることにおいてこそ、「たった一つの生（いのち）」としての「みずから」を「一人立ち」させるのである。高村の、瑞々（みずみず）しく横溢する、類まれなる芸術と思想は、その「たった一つの生（いのち）」としての「みずから」の独創の表現であった。

ところで、日本語では、「おのずから」と「みずから」とは、ともに「自（か）ら」である。そこには、「おのずから」成（な）ったことと、「みずから」為（な）したこととが別事ではないという理解が働いている。

われわれはしばしば、「今度結婚することになりました」とか「就職することになりました」という言い方をするが、そうした表現には、いかに当人「みずから」の意志や努力で決断・実行したことであっても、それはある「おのずから」の働きでそう〝成ったのだ〟と受けとめるような受けとめ方があることを示している。

「出来る」という言葉にも同様の事情をうかがうことができる。「出来る」とは、もともと「出で来る」という意味であり、ものごとが実現するのは、「みずから」の主体的な努力や作為のみならず、「おのずから」の結果や成果が成立・出現において実現するのだという受けとめ方があったがゆえに、「出で来る」という言葉が「出来る」という可能の意味をもつようになったのである。「れる」「られる」という助動詞が、自発とともに受身・可能の意味をもっているというところにも同じことを指摘できるだろう。

このような受けとめ方のあるところでは、ややもすれば、人生やこの世のもろもろの出来事は、つまりはこうした「おのずから」の働きで成って行くのであって、「みずから」はついに担いきれない、したがってまた責任もとりえないといった考え方も生まれてくることもある。

「結婚することになりました」という言い方を、文字通り〝成り行きでそう成ったのだ〟と語ったとすれば、もしその結婚がうまく行かず離婚することになったとしても、そのなったは、同じように当事者不在の意味合いで語られてしまうのだろう。そこでは、実質的に「みずから」は「おのずから」に解消されてしまっている。

しかし他方、「結婚することになりました」という言い方には、「みずから」の営みを超えて働く働きへの、ある感受性が表明されていると考えることもできる。

結婚する相手に出会うことそれ自体をはじめ、その時にいたるまでのもろもろの（幸・不幸の不慮の事態をふくめての）出来事において、「みずから」をうながす、あるいはふりかかる働きがそれとして感受されているのであって、そうした感受性においては、感受する主体としての「みずから」はけっして無みされていない。「みずから」が「おのずから」の働きに不可避に与りつつもなお、かけがえのない「みずから」を生きているといった受けとめ方がそこにはあるだろう。

「予約された結果を思ふのは卑しい。／正しい原因に生きる事、それのみが浄い」という高村の芸術と思想は、今ここに生きているおのれの、自然の「おのずから」のうながしにしたがって表出された、ある不可避の思いの、揺るがしがたい情熱や価値をもっていることは誰もが認めるところであろう。智恵子との愛のあり方もまた同様である。近代日本が生んだ、もっとも「浄」らかな、また高らかな恋愛賛歌のひとつがそこにある。

そのことを確認したうえで、高村の精神の軌跡を眺めてみると、高村は、欧米からの留学後は、父、光雲らに反逆し「日本の事物国柄の一切を／なつかしみながら否定」（『暗愚小伝』）し孤立するが、そこには「自然に根ざした孤独」という、確乎とした自信があった。

しかし、その高村が、智恵子の死後、その「おそろしい空虚」に戦争が重なったとき、かつてあれだけ反逆した「家」や「国」に全面復帰するのもまた、その同じ自然の名においてであった（「今はどういふ時だ。／天皇はわれらの親／その指さしたまふところ、／天然の機、おのづから迫り……」「紀元二千六百年にあたりて」）。

さらに戦後、高村は、さきに反逆し戦時に全面復帰した「家」や「国」を、「眼から梁が取れ」（『暗愚小伝』）たかのように、ふたたび全面放棄している。それもまた「不可避の天然」（「東洋的新次元」）のうながしであった。

高村の作品の高い芸術性はそれとして評価されるべきことはもはやくりかえさないが、しかし、こうした精神の軌跡のあり方には、やはりそれ自体として問われるべき問題がはらまれているだろう。

その振幅・軌跡のあり方は、ひとり高村のそれではなく、高村の生きた近代日本の思想状況の――西洋モダニズムに彩られた大正文化から、昭和に入っての鬼畜米英の日本回帰へ、そして戦後のアメリカニズムへの急展開といった――振幅・軌跡そのものでもあるが、とすればそれは、近代の、そして現代に生きるわれわれ自身の問題としても問われなければならない。

われわれは、今なおごくふつうに「……することになりました」と語っているのである。「おのずから」と「みずから」とを、ともに「自（ずか）ら」という一語で語りうるような基本発想において、日本人は包容的・寛容的でゆたかな情感をもった独自の思想文化を育ててきたのであるが、しかし同時にそれは、自立的・合理的な思考を欠く不徹底で曖昧な思想文化でもあるという批判をも生みだしている。——こうした「おのずから」—「みずから」という発想こそが、見えない制度として、甘く無責任な成り行き主義・事大主義を生み、現状ベッタリの肯定的態度を産み出しているのではないか、云々と。

ここでは、こうしたプラス・マイナス両様にわたるわれわれの思想文化の伝統をどう受けとめるべきかを考えるためにも、あらためてこの「おのずから」-「みずから」という基本軸を立てて、それに焦点をあてて検討してみようと思う。

この、一語でもありえ、かつ異なる語でもある二項の、その交差、「あわい」を問うことは、日本人の自然認識、自己認識のあり方をあらためて相関として問い直すことであり、また、その問いにほぼ重なる問いである、超越と倫理との関わりへの問いを問うことになるだろう。さらにそこに、以上のことに深く関わる問題として、日本人の現実感覚や、無常観・死生観の問題も合わせて論じようと思っている。

目次

II

III

総括提題　「おのずから」と「みずから」の「あわい」

「おのずから」と「みずから」

日本思想の基層

I

第一章　「おのずから」と「みずから」

——日本的「自然（おのずから）」と自己

億劫（おくごう）相別（あいべつ）れて須臾（しゅゆ）も離れず、
尽日（じんじつ）相対（あいたい）して刹那（せつな）も対せず。

——大燈国師（だいとうこくし）

一　「自然」への問い

今あらためて、〝自然〟が問われている。

二一世紀に入ってのわれわれをとりまく思想状況は、前世紀初頭の思想の極北が見ていたものが「神の死」ということであるとすれば、今世紀のそれは、「人間の死」「人類の死」ということであるともいわれる。何かしら人間にまつわるもの、あるいは人間そのものの死が、終わりが予感されているということである。

こうした物言いはそれだけを安易にふりまわすならばそれこそ「思想の死」にほかなら

ないが、その予感が、われわれの住むこの地球という天体がほんのちっぽけな有限でしかなかったこと、またその地球の環境破壊が今やとりかえしのつかないところまで来ているということの否応（いやおう）ない認識からきていることは事実である。

そしてその予感は、それがあればすべてが根拠づけうるというような絶対の根拠の不在の感知として、きわめて相対主義的な思想状況となって現れてきている。今、自然が問われ直されているのも、これまで人間の理性によって有意味的に秩序づけられてきた「コスモスとしての自然」の解体[1]が、精神的・物理的なさまざまなレベルで、きわめて危機的に進行しているという認識においてであろう。その意味で、今あらためて自然が問われているのである。

ところで、こうした議論の前提としてまず確認しておかねばならないことは、自然とは、それがいかなる自然であれ、われわれによって語られる自然は（むろん「コスモスとしての自然」もふくめて）、それぞれの自然観・自然認識において捉えられ語られた自然であるということである。自然という何ものかを、人間の側がそこで生きるべく、どう把捉し、どう彩色したかという、何ほどかは比喩化・仮構化し、物語化して語っているということである。

当たり前といえば当たり前のことであるが、そのことはくりかえし確認しておかねばならない。自然それ自体は（ましてやその総体などは）、われわれにはついに見知らぬ向こう側としてあるという、知の限界、無知の知が、まずもっての前提である。

しかし「真理とは、ある種の動物、生きものがそれなしには生きていけないかもしれない誤謬のことだ」（ニーチェ）[2]とすれば、われわれに課せられていることは、それが「誤謬」であるかもしれないということをつねに留保しながら、そこにあって「みずから」が生きうるような「真理」（「誤謬」）を見いだし、見あらためそこに生きるということであろう。自然とは、つねにそうした近づき方しかできない何ものかである。

むろんそれは、日本人にとっての「自然（おのずから）」においても同様である。

自然に「おのずから」とルビを振ったのは、周知のように、名詞「自然」はnatureの明治翻訳語であり、それまで日本語（中国語でもあるが）では、「自然」は「偶然」や「突然」と同じ副詞として「おのずから」と同義に使われていたという事情に基（もと）づいている。

そこにすでに、自然という向こう側をとりだすときのこちら側の捉え方の問題がふくまれているのであるが、いずれにしても当面ここでは、そうした日本語の古今の用法にしたがって、「自然」を、副詞としての「おのずから」という、ある働きの形容と、その働きによってのみ成ったものとしての「自然」、名詞「自然」とを特に分けずに考えておくことにしよう。

つとに西田幾多郎は、こうした日本的「自然（おのずから）」について、日本文化の特色として次のように指摘している。

私は日本文化の特色と云ふのは、主体から環境へと云ふ方向に於て何処までも自己自身を否定して物となる、物となつて見、物となつて行ふと云ふにあるのではないかと思ふ。己を空うして物を見る、自己が物の中に没する、無心とか自然法爾とか云ふことが、我々日本人の強い憧憬の境地であると思ふ。[3]（『日本文化の問題』）

あるいは九鬼周造は、日本人の道徳の特色として次のように指摘している。

日本の道徳の理想にはおのづからな自然といふことが大きい意味を有つてゐる。殊更らしいことを嫌つておのづからなところを尊ぶのである。自然なところまで行かなければ道徳が完成したとは見られない。その点が西洋とはかなり違つてゐる。いつたい西洋の観念形態では自然と自由とはしばしば対立して考えられている。それに反して日本の実践体験では自然と自由とが融合相即して会得される傾向がある。自然におのづから迸り出るものが自由である。自由とは窮屈なさかしらの結果として生ずるものではない。天地の心のままにおのづから出て来たものが自由である。自由の「自」は自然の「自」と同じ「自」である。「みづから」の「身」も「おのづから」の「己」もともに自己としての自然である。自由と自然とが峻別されず、道徳の領野が生の地平と理念的に同一視されるのが日本の道徳の特色である。（「日本的性格」(4)）

近代日本を代表する二人の思想家の以上の言葉に明らかなように、ここには日本人の思想文化一般の基本発想ともいうべきものが、「自然（おのずから）」ということにおいて要約されて語られている。「自然法爾」あるいは「おのずから」を理想に、それへの「融合相即」を自己否定的に求めるという――「西洋の観念形態」とは明らかに異なる――こうした基本発想のなかで日本人は独自な思想文化を営んできたのである。

磯部忠正の日本思想の「自然」中心主義(5)にしても、相良亨の「「おのずから」形而上学(6)」にしても基本的に同様な指摘といっていい。こうした基本発想の枠組みのなかで、「序」でも述べたように、一方では寛ろやかでゆたかな独自の思想文化を育ててきたのであるが、しかし同時にそれは、曖昧で雑然とした思想文化でもあるという批判をも生みだしている。今、日本的「自然（おのずから）」について考えるということは、こうしたプラス・マイナス両様にわたるわれわれの思想文化の伝統をどう受けとめるべきかを考えるということでもある。

さきに一般的に述べたように、こうした日本的「自然（おのずから）」もまた、ひとつの自然認識、自然観のそれであることはいうまでもない。それが共同体の閉塞した見えない制度として働いているとするならば、それはそれとして厳しく診断する必要がある。それはあらゆる自然認識に適用されなければならないことであろう。

ただその診断・処方が、別の自然認識（たとえば九鬼のいわゆる「西洋の観念形態」のそれ）の借用においてのみなされたり、あるいはそれらとの安易な折衷・混淆においてなされたりするかぎり、すなわち、異質なそれらとの本質的な出会い・対質を介して内から賦活・改革されないかぎり、その批判さるべき事態はしばしの模様替えに留まるにすぎない。それは近代日本がくりかえし実験してきたところである。

そのためにもまず求められることは、日本的「自然（おのずから）」なるものがいかなるものであったのかを、できるところまで厳密に見定めることである。今それを自明として生きているあり方からはそのことは抽出できない。柳田国男の言葉をかりれば、「何が我々のおのづからであつたかということは、やはり辛苦して是から捜（さが）し出すの外はない」[7]といった、それ自体逆説的な営みがそこには要請されている。

二　自己と自然の「相即」（1）

ここで問題の焦点を、前節で見た西田・九鬼のいうところの、自己と物、自由と自然、一般的に「みずから」と「おのずから」の「相即」という思想構造に置いてみよう。

西田は、「日本仏教に於ては、親鸞聖人の義なきを義とすとか、自然法爾とか云ふ所に、日本精神的に現実即絶対として、絶対の否定即肯定なるものがあると思ふ」（「場所的論理と宗教的世界観」[8]、傍点引用者）とも述べているが、つまりその問題は、こうした本来、対立すべきもの（自己と物、現実と絶対、さらには此岸と彼岸、内在と超越、等々）を「即」「不二」「一如」というかたちで結びつけて捉えようとする、（かならずしも仏教のそれとは同じではない）ある基本的な考え方への問いでもある。

「序」でも述べたように、日本語では、「おのずから」と「みずから」が、ともに「自（か）ら」と表記されてきている。「……することになりました」という、ごくふつうにいう言い方には、「みずから」決断し努力したことでも「おのずから」の成り行きでそう成ったのだという受けとめ方が潜んでいるのである。

それはまさに、九鬼のいうごとく「西洋とはかなり違つてゐる」受けとめ方であるが、そもそもが、このような一般的傾向のあるところで、その「相即」はどう説かれるのだろうか。

まずは手近な具体例から見ていこう。われわれに親しい小説の方法に私小説というスタイルがある。それは、いわゆる自然主義を名のった文学者たちが始めたスタイルであるが、その基本的な考え方は、その代表な作家であった田山花袋（かたい）の言葉をかりればおよそ次のような発想に基づいている。

自己を残る処なくさらけ出して来ると——弱点でも何でも忌憚なく暴露して来ると、それが一種の客観性を帯びて来る。主観を押しつめて行くと客観になり、客観を押しつめて行くと主観になるといふような心理作用があると見える。

（「客観といふこと」『卓上語』(9)）

私小説とは、こうした、「主観」と「客観」との「相即」すべき地点において語られている。そしてこの両者を繋ぐ項が、自然主義といわれる、その自然なのである。自己の内に自然があり、それは他者の自然、ひいては形而上的な大きな自然につながっているという確信がそこにある。

「みずから」の身辺に起きたことの日記あるいは雑記のごときもの（「主観」）が「残る処なくさらけ出」されると、それが「おのずから」小説（「客観」）たりうるとする私小説の「方法」がそこに成り立っている。しかしその媒介項である自然は、いかにその背景に形而上的な拡がりが想定されていようとも、それが有効であるのは、基本的に、いわば閉じられた共同体でのことである。いってみればそれは、書き手と読み手との仲間うちでの隠語の文学であり、その世界を共有しないものには通じないからである。

話がだんだんと文壇ギルドの内輪話とならざるをえなかったゆえんであり、そこではいかに現状破壊・現状暴露が叫ばれようとも、それらがやがてその閉じられた自然・共同体のなかに呑み込まれていかざるをえなかったゆえんでもある。

「真実なれ、自然なれ」とのモットーにおいて彼らが「さらけ出」そうとしたのは、たとえば象徴的に花袋の出世作「蒲団」の例でいえば、師であり妻帯者であった主人公の女弟子に対する愛欲、またその無様なまでの未練といったたぐいのことであった。そしてそうしたことを「さらけ出」すことによってなされた総括は、「矛盾でも何でも為方がない。その矛盾、その無節操、これが事実だから為方がない。事実、事実！」（「蒲団」）、「人間の浅ましさ、……けれどこれが人間である。これが自然である。」（「生」）といった開き直りの容認であった。

多少意地悪にいえば、そこにはその具体的状況を担う自己もなければそうした自己と緊張すべき自然もない。あるのはただ自己と無媒介に癒着した「事実」であり「自然」である。そこではその自然主義とは、自己弁護ないし現実の無条件容認主義に堕しているのである。自己と自然の「相即」の悪しき例がここに見られる。

むろん、近代日本のある種の「誠実」の表現でもあった自然主義文学をこうした側面だけで断罪することはフェアではない（そこにはそこでのみ可能であった思想意義も十分にあった）し、またそれは自然主義文学だけが負うべき責めではないだろう。

彼らの陰惨な自然概念を真っ向から批判した「白樺派」にしても、その高邁・向日的な姿勢を支えていたものが、自己と自然とのあっけらかんとした連続性であるかぎり、（また事実そうであったがゆえに結果的には自然主義文学とほぼ同様の事態に陥らざるをえなかったのであるが、その意味では）同罪というべきであろう。

そしてまた何よりそれは、そもそもそうした文学を享受し共感してきたわれわれ自身の内なる問題でもある。「……することになりました」という言い方が、「みずから」の決断や努力もすべて飲み込むように、「おのずから」の成り行きでそう成ったのだとだけ受けとめ語られるときには、その当人はけっしてその結婚や就職には責任はとれないからである。

そこには、「みずから」と「おのずから」、自己と自然、またひいては自己と他者との暗黙のうちでの同一性・連続性が前提されているのであって、そうしたあり方が、甘えとも無限抱擁とも、また「無責任の体系」[10]とも、惰性化として働く「見えない制度」[11]とも批判されてきたところのものであろう。

三　自己と自然の「相即」（2）

以上のようなあり方は、「みずから」のあり方を「おのずから」へ解体・解消し、しかも「おのずから」を「みずから」の属する共同体にとりこみそれを閉じたかたちで固定化した、いわば硬直した物語・制度としてのそれである。

それは島国日本の「おのずから」中心主義として、潜在的にはつねにありえた側面であり、上述のように自然主義文学や白樺派の文学にかぎらない、日本の思想・文化一般の陥りやすい傾向であるが、とりわけ現在のわれわれにおけるそのあり方は、鎖国日本の江戸近世以来の国学的発想のイデオロギー化したもの、その一般化され希釈されたもののそれであろう。つまり、一八世紀半ばから始まった秩序崩壊の危機に対応するために構想された共同体を支える「見えない制度」としてのそれである。(12)

しかし、「おのずから」という発想を、すべてそうした共同体に閉じこめられた自然、「みずから」との緊張なき「相即」という面だけで捉えてしまうことは明らかに片落ちの理解であり、そうした捉え方は、日本思想のこれまで持ち来たった豊かな思想伝統をも一挙に押し流してしまうことになる。

ある思想の結果として陥ったイデオロギー批判は必要であるが、しかしイデオロギー暴露だけでは真の反省はできないし、またそこに生産的な思想展望を期待することはできない。そこには、その思想がイデオロギー化し惰性化する以前の、あるいは以外の諸可能性をも注意深く合わせ考えられるべきであろう。とりわけ日本思想のように「さまざまな思想が雑然として雑居してかならずしも伝統としてまとまった構造を持っていないところで、思想的な伝統を生産的に引き出すことが出来るためには、思想が孕まれて来る過程でのアンビヴァレントな可能性ということをいつも見逃してはならない」(13)ということである。

「序」でもふれたように、「……することになりました」という言い方には、「みずから」の営みを超えて働く働きへの、ある感受性が表明されているのであって、すべてが無責任な現状追認を意味するものではない。

幾多のすぐれた思想、とどめおくべき思想の名に値する思想においては、そうした感受性をとぎすまし、今述べたような日本の思想の陥りやすい傾向を批判することにおいてこそ創出されているのである。「相即」ということを語りながら、まさにそうした頽落をこそ批判し、そのことによってそれとは決定的に異なるものとして説かれているのである。以下では、そうした点を中心に見ておこう。

まず親鸞をとりあげよう。さきに西田においてそうであったように、しばしばその「自然法爾」思想は、日本的「自然」のモデルとされるし、また今見た日本自然主義文学は、その基本発想の仕方が親鸞と似ているとよく言われる。

たしかに親鸞は、われわれの煩悩の如何ともしがたいことを嘆き見つめ、そのさきにそれを持ったまま絶対的な阿弥陀如来の働きにおいて救われると説いている。親鸞によれば、われわれがそれを信じそれによって救われるという阿弥陀如来の働きとは、じつは「自然」の働きのことであり、その絶対的な働きによってわれわれはこの現世においてそのまま、如来と等しい存在（「如来等同」）となることができるというのである。

また親鸞晩年の「自然法爾」とは、まさに自然のままに法のままに、と説くものであり、さきに引いた西田の言い方でいえば、その「自然法爾」とは「日本精神的に現実即絶対として」説かれている。また「煩悩即菩提」なる標語は親鸞思想にも頻出するもののひとつであるが、そうした「即」の使い方にも、たんなる中国仏教からの輸入概念以上の意味が付与されていると見るべきであろう。

ともあれ以上のような点において、親鸞の考え方と自然主義文学の考え方とに似ているところがあるとされるのであり、また事実、共通するところを多く持つのであるが、しかし、前者の後者と決定的に異なるところは――またそれが前者の思想においてもっとも大切なところであるが――、親鸞においては、こちら側の「みずから」のはからいは、けっして阿弥陀の「おのずから」の働きと重なるものとしては受けとめられていないということである。

自然主義文学では、前述したように「みずから」と「おのずから」は基本的に連続すべきものとして考えられていたのであるが、親鸞の「自然」思想においては、「みずから」のはからいは、どこまでもそれ自体としては、「おのずから」の働きとは異なるもの、絶対他のものとして説かれているということである。

この、「おのずから」が絶対他の力、働きとしての「おのずから」であるということが、親鸞思想の大変なところであって、「信」、信ずるということの途方もない難しさがそこに出てくる。

親鸞思想の基本でありながら、ややもすれば混同されやすい以上のような「自然」思想については、佐藤正英に「自然法爾」理解としていきとどいた考察があるが[14]、ここではこれまで引いてきた西田――彼が再三、親鸞の「自然法爾」について言及していることはそれ自体注目されるが――の言葉を援用しておこう。

親鸞の自然法爾と云ふ如きことは、西洋思想に於て考えられる自然といふことではない。それは衝動のまゝに勝手に振舞ふと云ふことではない。それは所謂自然主義ではない。そこには無限の努力が包まれてゐなければならない。それには事に当つて己を尽すと云ふことが含まれてゐなければならない。唯なるがまゝと云ふことではない。併し自己の努力そのものが自己のものではないと知ることである。自ら然らしめるものがあると云ふことである。（『日本文化の問題』）

――「己を尽す」べく「みずから」の「無限の努力」が要請され、しかもそれ自体が「自己のものではない」「自ら然らしめるもの」なのだ、という異様な論理がここにはある。さきに見た、現世のこの身のままで如来と等しくなれるといった「如来等同」なる、いわゆる「現実即絶対」的な考え方は、そうした異様な論理としての「信」を媒介としているのであり、それゆえそれは、あくまでも「如来」に「等同」ないし「等し」ということであってけっして「同じ」ということではない（「不一」）。その「あわい」は、ごくわずかのようでありつつ且つ無限のようでもある。

そのことは、親鸞において厳密にしかもくりかえし注意されている。つまり、「現実」はどこまでも「絶対」と区別されながら、かつ「相即」するものとして捉えられているのであり、「即」とは、そうしたきわめて微妙な「あわい」としての「即」なのである。「おのずから」は、「外から自己を動かすのでなく内から動かすのでもなく自己を包むもの」なのである。

親鸞においては以上の点だけを確認しておくことにして、同様の事態を道元においても一瞥しておこう。

道元においても、「生死即涅槃」「煩悩即菩提」といった考え方は、その鍵概念としてくりかえし語られているが、それは親鸞同様、たんに大乗仏教が本来持っていた、修行を経て覚証に至ればそうである、という意味以上の地点で展開されている。

道元独自の修行論である「修証一等（如）」という考え方は、そのことをよく表している。そもそも道元が、われわれは本来仏性をそなえ、その本性は清浄であるとするならば、なぜ歴代の諸仏はあえて発心し修行しなければならなかったのかという問い（「仏性常住」「一切衆生悉有仏性」という天台教学の基本理念と修行との矛盾への問い）から、その思想的営みを展開したことは周知の事実であり、道元の説く、その「即」は、けっして無媒介な連続性・同一性を意味するそれではないことは明らかである。

座禅という修行を介さないかぎり、その「即」は現成しない。しかしかといってそれは、修行を経て覚証に至ればそうであるという意味のそれに限定されるものではない。証は修行を経てその結果として到達するものではなく、端的に修行の実践そのものの瞬間、瞬間において証せられるものなのである。

こうした修と証との「相即」論においては、何らかのかたちで現実世界と悟りの世界の「相即」性が前提されていなければならない。修行を経て、という始覚思想の二元論でもなければ、後に見る本覚思想の、悪しき意味での〈現実即絶対〉という一元論でもない、まさに相反両立の特異な「あわい」に、その「即」は説かれているのである。

親鸞・道元の思想系譜に位置づけることのできる一遍の用語をかりれば、それはいわば「始本不二」(『一遍上人語録』[15])ともいうべきところでの「即」なのであり、それはまさに「日本精神的に(説かれた)現実即絶対」(前出西田)の位相なのである。

四　本覚思想と「おのずから」

こうした位相での「即」のあり方は、無論、親鸞・道元にかぎられるものではない。今ふれた「始本不二」という一遍の、捨てに捨て果てるという捨身の「踊り念仏」においては、「よろづ生きとし生けるもの、山河草木、ふく風たつ波の音までも、念仏ならずといふことなし」（『一遍上人語録』）といったこの世の浄土現成が説かれているし、また浄土教信仰を、この世の現実世界とあの世の浄土世界との二元論としてきびしく批判し、「唱題」という行を介してこの世の宝土現成を説いた日蓮の思想にもそうしたあり方を指摘することもできる。

ところで一般に、こうした日本的な仏教としての鎌倉新仏教や、さらには能や茶・生け花・連歌など中世に成立してきた日本的な芸能においては、その共通の精神基盤として、本覚思想的な考え方があるということは、今日さまざまなかたちで指摘されてきている。[16]

本覚思想とは、不覚・始覚に対し本来の覚り（さと）として、この現実世界をそのまま覚りの世界と重ねる思想であり、まさに「相即」の代表ともいうべき考え方である。しかし、従来そのあまりに現実肯定的な緊張なき「相即」の面だけが強調され批判され、敬遠されて、それ自体の研究が立ち遅れてきたとされる思想である。[17]それゆえ、安易にこの思想概念をふりまわすことは危険であるが、そのことを確認したうえですこし立ちどまって考えてみよう。

たしかに、たとえば典型的な天台本覚論ともいうべき『真如観（しんにょかん）』[18]等においては、「我則（われすなわ）ち真如なりと知りぬれば、煩悩即菩提也、生死即涅槃なれば、煩悩を断じ、生死を離れむと思ふ煩もなし」とか「帯といて臥（ね）ながら、心の中に真如を観ぜむ、極（きわめ）て安らかにたのしき事に非(あらず)や」といった文章が散見される。

そこでの「即」は、まさにそのまま同一・イコールのそれであり、さきに自然主義文学を評した言い方でいえば、そこには、その具体的現実を担う「我」もなければ、「我」と緊張すべき「真如」もない。あるのはただ「真如」と無媒介に癒着した「我」であり、その無条件の容認であり弁護であろう。「即」のややもすれば陥りやすい頽廃の見本ともいうべき考え方がここにはある。

しかし、こうした「俗化俗流化した本覚論は有害無益だったとしても、それへの批判から、法然、道元、日蓮などの鎌倉新仏教が生まれているのであって、その母体としての本覚的思想風土を排除するわけにはゆかない」(栗田勇『最澄と天台本覚思想』[19])のであり、鎌倉新仏教をふくめて日本的な思想文芸の「母体」とされる、そうした「本覚的思想風土」はそれ自体としてあらためて評価され直されるべきである。

それは、日本的「自然(おのずから)」を問う不可欠な要点のひとつであると同時にまた、日本人の無常感や「あはれ」という存在感動のあり方を問う際の大切な要点のひとつでもあるだろう。たとえば世阿弥は、『拾玉得花(しゅうぎょくとっか)』においてこう述べている。

> 能々安見(よくよくあんけん)するに、万象、森羅、是非、大小、有生非生(うじょうひじょう)、ことごとくおのおの序破急(じょはきゅう)をそなへたり。鳥のさへづり、虫の鳴く音(ね)に至るまで、其分(そのぶん)〳〵の理(ことわり)を鳴くは、序破急也。

是れ即ち、無位無心之成就也。しかれば、面白き音感もあり、あはれを催す心も有り。是れ、成就なくば、面白しともあはれとも思ふべからず。（『拾玉得花』）[20]

ここで世阿弥は、その「面白さ」や「あはれ」さを、森羅万象にそなわっているという「序破急」と、それによる「成就」において見ている。「序破急」とは、いわば森羅万象（自然）のリズムであるが、その「其分〳〵の理」を尽す「無位無心」のリズムの刻みにおいて、「ことごとくおの〳〵」の「成就」があるというのである。

それを「一切万道成就」ともいっている（同）が、「成就」とは、もともと仏教語で密教の身口意が相応して成仏することの意であり、つまりは「一切万道成仏」の意でもある。それは、謡曲に定型的な表現として頻出する「草木国土悉皆成仏」という言い方によく表れているだろう。葛や杜若、その他、有情非情草木国土一切の「悉皆成仏」の思想である。[21]「自受用といふは、水が水をのみ、火が火を焼くがごとく、松は松、竹は竹……」（一遍）[22]ないし、「静に見れば物皆自得すといへり」（芭蕉）[23]といった、「松は松として自若、竹は竹として自爾、……みずからがおのずからであり、おのずからがみずからである境界」[24]がそのさきに描き出されてくる。「みずから」の「ことごとくおの〳〵」が「おの〳〵」のままに「おのずから」の働き、リズムにおいて成って来たものであり、成り行くものなのである。

「みずから」とは、「おのずから」の「おの〳〵」の限定としての「みずから」である。「松は松、竹は竹……」の世界においてそれは典型として言い取られてくるのであるが、かといってそれがそのまま、われわれの現実世界の「みずからがおのずからであり、おのずからがみずからである」ことを保証するわけではない。それでは悪しき本覚論的一元論になってしまう。われわれには、「松は松、竹は竹……」なるあり方とはどうしても異なる、「みずから」の知の働きというものがそこに介在せざるをえない。われわれの「みずから」は容易に「無位無心」たりえないのであり、そこに「何処までも自己自身を否定して物となる」「無限の努力」(前出『日本文化の問題』)が要請されてくるゆえんがある。

それゆえ、われわれの「みずから」においては、それが「おのずから」たろうとすることには、つねにいくばくかの逆説をふくまざるをえないし、またその「みずから」はどこまでも「おのずから」に解消・還元され切るということはない。

世阿弥に戻れば、彼のこうした考え方は、明らかに「本覚的思想風土」での発想であるが、しかし世阿弥において(また「自受用」「物皆自得」の境界を願った一遍、芭蕉らにおいて)重要なのは、それが同時にきびしい無常の認識に重ねられて受けとめられていることであろう。

その点をぬきにこの問題を考えることはできない。この問題は次章でくわしく検討するが、ここでは世阿弥についてだけその点をもうすこし見ておこう。

演能のはじめに置かれるめでたき「祝言」の能——それはまさに「一切万道成仏」の思想を寿ぐものであるが——を受けて、具体的に展開される能（謡曲）のストーリーは、その多くは無常の現実のなかでの耐えがたいほどの苦しみや悲しみを抱いた人間たちを登場させ、彼らにそれをくりかえし嘆き語らせ、終曲、そのまま菩薩たらしめ成仏たらしめるといったものである。

そこで大切なことは、その菩薩化や成仏という救いが、彼らの苦しみや悲しみを解消させて、でなく、それらを癒しようもなく抱いたままにその果てに、なされているということである。むろんそれは世阿弥にかぎらないが、とりわけ世阿弥に顕著な筋立てである。

たとえば「江口」という作品でいえば、罪業深い我が身のつたなさや無常を逃れぬこの世の悲しみを嘆いた遊女は、留まって「よしなや」と思いつつもなおこの世の執着を断ちきれず幽霊として迷い出る。そして再び昔のままに「よしなや」の思いを嘆き訴えながらその果てに、「面白や」と歌い舞って菩薩昇天するというものである。

また、第八章で見る「姨捨」という作品でいえば、山に捨てられた老女は、そのどうあっても癒しきれない孤独の淋しさや悲しさを中秋の満月を見て慰めようとするが、結局は癒されない、癒されないままに夜明け、再び山にもどって山となる、「姨捨山となりにけり」と終わるというものである。

つまり、そこでは苦しみ悲しむ「おの〳〵」の「成就（成仏）」が描かれているのであるが、それはけっして、さきに見た『真如観』のような「我」と「真如」との弛緩した一元論において、ではない。「おの〳〵」を「おの〳〵」において、けっして解消しえない「おの〳〵」を生きつつ、なお森羅万象、宇宙・自然の働き、リズムにおいて「ことごとくおの〳〵」として「成就」せしめようとしているのである。それが「其分〳〵の理を鳴く」ということの意味であった。

「みずから」というあり方以外に「おのずから」一般があるのではない。「みずから」はどこまでも「みずから」でありつつ、かつ「おのずから」たらしめようとしているのである。山（「おのずから」）になったとされる老女の慰めきれない思いはけっして消えることはない。「みずから」の生きたこと、いること、その「あはれ」は残されたままである。「みずから」と「おのずから」との「相即」とは、そうした緊迫した位相で語られているのである。

五　「相即」の「あわい」

日本の思想文化の基本性格を、「みずから」の「おのずから」への「相即」と要約し、またみずからもそのような思想形成をめざした九鬼周造は、『偶然性の問題』において、偶然性とは、一者と他者の統合されることのない分裂としての二元性のことであると規定し、そうした偶然性を主要な思想主題としている。

つまり、九鬼のしなやかでダイナミックな思想的営みは、そうした分裂・二元性としての偶然性をけっして手放すことなく、かつそれをいかに同一性としての自然性・必然性に結びつけるかという格闘だったのであり[25]、そうした点を看過することは、彼の日本的「自然（おのずから）」に対する指摘をも歪めてしまうことにもなる。

周知のように、「おのずから」という言葉は、古語では、自然の成り行きのままで、当然にという現代の使い方と同時に、万一・偶然に、という（無常の）意味でも使われていた。それは、人間の側からすれば万一・偶然と思われる事態も、より高い次元である宇宙的地平から見れば当然の成り行きと受けとめられるという考え方を示すものであるが[26]、同時にそれは、「おのずから」の出来事は、「みずから」の営みには如何（いかん）ともしがたい働きとして働いているという受けとめ方を示すものでもある。「おのずから」ということのもつ、そうした他者性の緊張を忘れ、それを「みずから」に安易に同定し収斂しようとしたところに、また逆に「みずから」を安易に放棄し「おのずから」に解消しようとしたところに、これまで見てきたような悪しき意味での本覚思想が生じてくる。

柄谷行人（からたにこうじん）は、日本的「自然（おのずから）」発想に対するもっともきびしい批判者のひとりであるが、その主たる批判は、この「自然」の、ナルシシズムや共同体に閉じられやすい同一性・対称性に対する批判である[27]。

――日本的「自然（おのずから）」の対立概念は他者ということであり、そこには決定的に他者ということが欠けている、と。それは、〈他〉性ということをどう捉えるかということもふくめて、日本的「自然（おのずから）」とりわけその「本覚思想的風土」においてはくりかえし問い返されるべき重要な課題ではある。が、以上の行論から言いうることは、その「自然」にこそ、ある決定的な他性の契機があるということ、こちら側には如何ともしがたい向こう側の働きとして、親鸞の思想でいえば絶対他力、絶対他の働きとしてありつつその働きに司（つかさど）られているという、ある張りつめた緊迫の視点がそこにはあるのであり、いくつかのすぐれた思想や文芸においては、そうした視点こそが厳しく問われていたということである。

そうした「自然（おのずから）」においては、他人もまたけっして同一・連続・対称のそれではなく、おのおのの「みずから」はおのおのの「みずから」として受けとめられてくる。そこでは安易に閉鎖した共同体に閉じこもることもまたナルシスティックになることもできないのである。(28)

むろん、問題はその先に、そうした自然の他性（「おのずから」）が、なお同時に自己の自己性（「みずから」）に「相即」するというところにあるのであるが、それは、自然を自己と二元論的に対立する他者と措定することでもなければ、一元論的に自己と同一化することでもない。問題はまさにその「あわい」にあるのであり、その「あわい」をどう思想化しロゴス化しうるかということである。

考えてみればそれはつまるところ、この自己という人間存在が自然でありつつ、かつ、ないという、すぐれて普遍的な「あわい」の問題でもあるのであるが、ここではその特殊日本的な思想表現が問われているのである。[29]つまり、「みずから」にとって「おのずから」とは、もともとそのうちにありながらしかもとてつもなく遠い向こう側としてあるという、（西田幾多郎のよく引く大燈国師の表現を使えば、「億劫相別れて須臾も離れず、尽日相対して刹那も対せず（永遠といっていいほど別れていながら、ほんのわずかな間も離れていない。しかも一日中向かいあっていながら一刹那も向かいあっていない）」という）「あわい」、その「あわい」をそれとして生きる相反両立の状況の思想化の問題なのである。

「相即」とは、どちらかがどちらかに吸収・解消されるのではなくして、両者をそれぞれにしかもひとつとして捉えるということであり、「如来等同」「修証一等」「踊り念仏」それして「成就」と、すべてそうした「あわい」を生きぬこうとするそれぞれの思想であったといえるだろう。

そうした「あわい」という視点をぬきに、「自然」をもまた「自己」をも、問い位置づけることはできないのである。ちなみに「あはい」とは、『岩波古語辞典』によれば、「合ふ」の連用形「合ひ」の「合ひ合ひ」が約（つづ）まったものであり、二者の相互に行き交う動的な距離・関わりを表現する言葉であると説明されている（一三二頁以下に詳述）。

第二章　無常と「おのずから」

――日本人の現実感覚①

人生は夢であるということを誰が感じなかったであろうか。それは単なる比喩ではない、それは実感である。

――三木清

一　「どうせ」の発想

ここで、日本人の現実感覚の根底にある、無常と「おのずから」という問題について考えてみたい。

あらためていうまでもなく、無常という考え方や感じ方は、われわれのごく日常的なものの考え方や感じ方に深く滲み込んでいる。たとえば、われわれは日常語で「どうせ」という言葉をよく使うが、これは、結果の先取り思考であって、まだその時点に達していないにもかかわらず、現時点で、その結果となるであろう状況を先取って受けとめ、それを感じとって生きるという発想形式である。[1] それは日本人に伝統的な無常感の著しい特徴のひとつである。こころみに、『古今和歌集』[2] から二つほど歌を引いてみよう。

ちはやぶる神なび山のもみぢ葉に思ひはかけじ移ろふものを　（詠み人知らず）
久方の光のどけき春の日にしづ心なく花の散るらむ　（紀友則（きのとものり））

ここでこの歌人たちは、今、現に真っ赤にもえたつ紅葉や満開の桜花を目の前にしている。しかしそれらを眺めながら、いやいや、思いはかけまい、いかに思いをかけてもいずれは移ろい散ってしまうのだから、と嘆いてみせているのである。まさに「どうせ」の発想そのものであろう。そして、この「どうせ」と先取られる結果は、かならずや、否定的・消極的な結果である。「どうせ成功する」とは言わない。「どうせ失敗する」であり、「どうせ死ぬ」である。

つまり、その先取りされる結果までの「移ろ」いゆく時間は、上昇でもなければまたニュートラルな時間推移でもない。それは、有るものは無くなり、盛んなものは衰えるといった、かならずや暗転する時間であり下降する時間である。[3] 日本人の無常感において看取される時間とは、まずはそうした時間であることを確認しておこう。

二　「ありてなければ」という現実感覚

「どうせ」という言葉を使う背景には、また一般的に日本人の無常感の背景には、このような時間感覚があるが、そこから次のような現実感覚のあり方は容易に導き出されてくる。

世の中は夢かうつつかうつつとも夢とも知らずありてなければ　（詠み人知らず『古今和歌集』）

夢や夢うつつや夢とわかぬかないかなる世にか覚めむとすらむ　（赤染衛門『新古今和歌集』(4)）

現とも夢ともしらぬ世にしあれば有りとて有りと頼むべき身か　（源実朝『金槐和歌集』(5)）

ある（有る）ものはかならず無くなる、盛んなものはかならず衰えるという思いは、今あるものは本当にあるのか、夢ではないのか、幻ではないのか、といった思いを引き起こす。問題は、ひとえに、この「ありてなければ」という現実感覚にある。それは、いくら「ある」と力もうとも、その「有」はやがて無くなるという「無」に足元をすくわれてしまう「どうせ」の感覚なのである。

その意味で、「現つ」の「うつ」と「移る」の「うつ」が語源として同根だとされること（『岩波古語辞典』）にはきわめて興味深いものがある。「現つ」とは、そもそも「移」ろいを同義的にふくんだ言葉としてあるということである。(6)

同様の事情はさらに、この「現つ」という言葉の用法自体においてもうかがうことができる。「現つ」という言葉は、今引いた歌でも「夢かうつつかうつつとも夢とも」「夢や夢うつつや夢と」と、定型的に表現されていたように、すでに「《古今集の時代から「ゆめうつつ」「ゆめかうつつか」などと多く使うので、誤って》夢心地」の意に使われるようになった（同辞典）という、奇妙な運命を負った言葉なのである。「現つ」自体が、「夢うつつ」の意味を帯びてしまっている。本来、現‐実というリアリティを表すべき言葉が、そのリアリティを希薄化してしまうといった現実感覚がそこにはあったということである。あるいは、

寝ても見ね寝でねも見えけり大方はうつせみの世ぞ夢にはありける

（藤原敏行（としゆき）『古今和歌集』）

と使われる「うつせみ」という言葉の使い方にしても同じである。この言葉は、「現身（うつしみ）」、

つまり「現実の、この世の人」を意味するのであるが、それは「奈良時代には、はかないという意味は必ずしも持っていなかったが、平安時代以後は、蟬のぬけがらの意と解したので、はかないという意味になった」（同辞典）とされるものだからである。

こうした混用にもまた、確実に以上のような「ありてなければ」の現実感覚が影をおとしているだろう。この世の現実に生きる人がそのままに「空蟬のうつろ」を生きる人を含意しているのである。あらためていくつか例をあげて確認しておこう。

・巻向(まきむく)の山べとよみて行く水の水沫(みなわ)のごとし世の人われは　（柿本人麻呂(かきのもとのひとまろ)『万葉集』[7]）

・夢とこそいふべかりけれ世の中に現あるものと思ひけるかな　（紀貫之(きのつらゆき)『古今和歌集』[8]）

・来し方の見し世の夢にかはらねば今も現の心地やはする　（西行『山家集』）

・無常変易のさかひ、有りと見るものも存ぜず、始あることも終なし、志は遂げず、人の心不定なり、物皆幻化(げんげ)なり。　（兼好法師『徒然草』[9]）

・くすむ人は見られぬ　夢の夢の夢の世を　うつつ顔して／何せうぞ　くすんで　一期(いちご)は夢よ　ただ狂へ　（『閑吟集(かんぎんしゅう)』[10]）

・露と落ち露と消えにしわが身かな浪速(なにわ)のことも夢の又夢　（豊臣秀吉）

・貴となく賤(せん)となく、老となく少となく、悟りても死に迷ひても死す、さても死ぬことかな。（……）はかなき事にてはなきや。何もかも益(やく)に立たず夢の中のたはぶれなり。

・明日は閻浮の塵ともなれ。わざくれ浮世は夢よ。白骨いつかは栄耀をなしたる。これこそ命なれ、その盃これへ差さんせよ。（山本常朝『葉隠』(11)）

（浅井了意『浮世物語』(12)）

・嗚呼吾何処より来り何処へ行くか。凡ての人類何処より来り何処にか去る。幻の世たるかな。此の世は幻の変化のみ、偶然の連続のみ。（国木田独歩『欺かざるの記』(13)）

・人生は夢であるということを誰が感じなかったであろうか。それは単なる比喩ではない、それは実感である。（三木清『人生論ノート』(14)）

万葉の昔から、日本人はこうした思いをかこち続けてきている。むろん時代ごとにその中味はそれぞれ異なっている。無常を語ることが、常なる浄土世界を喚び起こすことに結びついたり、またことさら詠嘆・感傷にたゆたったり、美感・芸道と結びついて彩られたりする時代もある。あるいは、隠遁、漂泊、徒然を導いたり、また浮かれ戯れる浮世感にかたちを変えることもある。

こうしたそれぞれをひとしなみにあつかうことはできないが、ただここでは、あえて時代をこえて、「ありてなければ」という現実感覚の問題として考えておきたい。むろんそれは、けっして過去のものではない。「どうせ」を日常語にしているわれわれにおいて、それは今なおさまざまなかたちで見いだすことができる現実感覚だからでもある。

・本当に暗く淋しいこの山道の中で、自分も輝くことだけがたったひとつ、やれることだと知ったのは、いくつの時だろうか。愛されて育ったのに、いつも淋しかった。いつか必ず、だれもが時の闇の中へちりぢりになって消えていってしまう。

（吉本ばなな『キッチン』[15]）

・無から生じたものがもとの場所に戻った。それだけのことさ。

（村上春樹『1973年のピンボール』[16]）

ともに現代作家の文章である。彼らの小説世界はともに色濃く死の影が漂っているし、その世界の住人たちは、あらかじめ「さようなら」を言ってからつき合う作法を身につけている。また、この世は「終わり」から、あるいは「終わり」を前提に語られている（村上春樹『世界の終わりとハードボイルド・ワンダーランド』[17]）。

そこにもまた典型的に、最初に述べたような、消極的・否定的な結論を先取りして今を生きるという、「どうせ」の思いを見てとることができるだろう。

三 「世はさだめなきこそ、いみじけれ」という肯定

さて、日本人はこうした無常感を背景に生きてきたし、また生きているのである。それはしかし、それゆえ、日本人の人生観や世界観は暗く消極的であるということをかならずしも意味しない。そこには不思議なほどの元気さ、明るさ、楽しさ、あるいは、感動、興趣といった、生きるにあたっての肯定的・積極的なあり方を見いだすことができるからである。

一例だけ、さきに挙げたものから『徒然草』の場合をとりあげ一瞥しておこう。

「有りと見るものも存ぜず、……物皆幻化なり」と説いた『徒然草』は、とりわけきびしい無常感を語っているもののひとつである。無常感は、「この世」のあらゆる部所に貫徹し、それに代わるべき「あの世」といった特権的な境界の存在すら許さない。それもすべて無常によって寸断・漂白されてしまうのである。『徒然草』において、無常とは死の同義語であり、それは次のように説かれる過激な認識であった。

春暮れてのち夏になり、夏果てて秋の来るにはあらず。春はやがて夏の気をもよほし、夏より既に秋は通ひ(かよ)、秋はすなはち寒くなり、十月は小春の天気、草も青くなり、梅も

つぼみぬ。……生老病死の移り来ること、またこれに過ぎたり。……死は前よりしも来たらず。かねてうしろに迫れり。

春が終わってから夏が来るのではない。また秋が終わってから冬が来るのではない。冬に小春が始まっているように、われわれの生死も、生のうちに既に死は始まっているのだ、死は行く手に待っているのではなく、「かねてうしろに迫」っているのだ、と。

兼好は、われわれは春の日の雪だるまのように、もう既にどんどん下から溶け出しているという。ここでは、その無常の時間認識は、いつか暗転し下降するという時間としてよりも、端的に死として、この現時点の瞬間瞬間に立ち現れ、浸食し続けるものとして捉えられている。それは、今ここでの、未来にあるであろう消極的な結果の先取り、というより、今ここでの、今ここであるべき死の確認がなされているというべきである。

こうした、きわめて深刻な無常感が展開されながら、しかし、その世界は意外にも明るく、楽しげでさえある。兼好は、たとえば「色を好まない男はだめだ」とか、「何ごとにも先達はほしい」「あまり受けようとするとかならず失敗する」「友とするにはこれこれがいい」とか、「これこれの茸（きのこ）は鼻にあてて嗅いではいけない。小さな虫が鼻から入ってしまう」、等々といったたぐいのことを次々と繰り広げてみせる。

そこには、しなやかで好奇心に満ち、あれこれ面白そうに活き活きと生きていたであろう人物像を思い浮かべることができる。「つれづれ」とは、まさにそうした兼好の生きざまをあらわす言葉であるが、「つれづれ」において人は、貪らず、頑張らず、硬直せずにのびのびと生きることが味わえるというのである。「縁をはなれて身を閑かにし、ことにあづからずして心をやすくせむこそ、暫く楽しぶともいひつべけれ」「存命の喜び、日々に楽しまざらんや」、と。

そして兼好は、このような生き方を可能にしたものが、他ならぬ上述のような無常感なのだ、と説く。ものごとが移り行かず人も死ぬことがなかったら、「いかにもののあはれもなからむ。世はさだめなきこそ、いみじけれ」。世の中は無常であるからこそ、「あはれ」（感動）も「いみじさ」（興趣）であるというのである。

「あはれ」「幽玄」「わび」「さび」等々といった、日本人の文学・芸術・芸能などの美意識の成立に、このような無常の認識が大きな役割を果たしていることはあらためて縷説するまでもないだろう。

事柄はかならずしも同じではないが、この世の「むなしさ」を「いよよますます悲しかりけり」と嘆いた大伴旅人は、一方で、酒を中心としたこの世の楽しみを存分に楽しみたいと歌い上げているし、「はかない」夢の世から覚め出ることを願い続けた西行は、同時に桜・月・恋への思いを歌い続けている。

あるいは「一期は夢よただ狂へ」と謳いとばすところに、「憂世」から「浮世」の浮かれ楽しむ活勢が可能になってきているし、「夢の又夢」とみずからの人生を総括した豊臣秀吉の、あの野望に満ちた激越な行動力のあり方如何(いかん)も、みなある同じ問題関心で考えることができるだろう。

すなわち、日本人の無常感における、こうした、否定と肯定のあり方への問いとして、である。なぜ無常を、否定を語りながら、あるいは語ることによって、そこにかならずしも消極的ではない、積極的・肯定的な世界を展開しえたのであろうか。そうした思想構造そのものへの問いとして、である。

四　無常感と「おのずから」

むろんそれも、さきに述べたように、本来であれば、その時代ごと、思想ごとに問われるべき問題であるが、ここでは、そのいくつかをとりあげながら、そこに共通する問題として考えてみよう。

第一章で、世阿弥において、その能楽論の要諦である「面白さ」や「あはれ」を、森羅万象の自然にそなわっているという、「序破急」という「成就」のリズムにおいて感得していたことにふれた。またそれを無常ならざる何ものかにおいてではなく、まさに無常感そのものの深まりにおいて感得していたことも見た。つまりそれは、無常感それ自体における「成就」（肯定）の感取ということであり、そこに本覚論的発想の現れを指摘しておいた。

ほぼ同様のことを、山崎正和はこう述べている。

はじけて消える夏の夜の花火を見ていると、ふと、そこはかとない悲しみが漂うことは事実である。日本人は昔からそういうはかなさに心ひかれ、人生の無常に耽溺してきたと信じられている。それは確かにそのとおりなのだが、しかしその同じ日本人が、不思議に一方で極端なニヒリズムに走らなかったことも事実なのである。人生の無常をかこちながら、われわれの祖先はそのなかにけっこう安定した自然を見出していた。そしてそれはたぶん、一瞬の変化のなかにも「序・破・急」を感じ取る、あの敏感な秩序の感覚のせいにちがいないのである。（「混沌からの表現」[18]）

日本人の無常感には「敏感な秩序の感覚」がそなわっており、それが「人生の無常をかこちながら、……けっこう安定した自然を見出」さしめていたということである。無常のリズムそのものに「安定した自然」のリズムを重ねて感取する、このような受けとめ方から、次のような考え方へはほんの一歩である。

「それ行く川の流れは絶えずして、しかももとの水にはあらず。流れに浮かぶうたかたは、かつ消えかつ結んで、久しく澄める色とかや」(世阿弥『養老』)――。「久しくとゞまりたる例なし」(『方丈記』)とされていた無常性は、ここでは「久しく澄める色とかや」という、宇宙・自然の無窮性のうちに収めとられている。[19]

それはすこし視点を広げて考えてみれば、たとえばその『方丈記』の無常感などにおいてもある種典型として見いだされる「春は……、夏は……、」といった循環的な、その意味で恒常的な「宇宙的秩序に合体し適合する」という、つとから指摘されてきた、いわゆる宗教的自然観なるものにつながる発想であることはいうまでもない。[20]

「おのずから」という古語が、自然の成り行きのままで、という現代までの使い方と同時に、とりわけ死を意味する万一・偶然に、という無常の意味でも使われていたことは前章でふれた。そこでも見たように、このような言葉の両義性は、われわれからすれば無常・偶然と思われる事態も、より高い次元である宇宙的地平から見れば、まさに「おのずから」のことであると納得しようとする知恵が込められていたのである。

大伴家持に「世間の無常を悲しぶる歌」(『万葉集』)という、次のような歌がある。

天地の　遠き初めよ　よの中は　常なきものと　語りつぎ　ながらへ来れ　天の原　ふりさけみれば　照る月も　満ち欠けしけり　足引きの　山の木末も　春されば　花咲き匂ひ　秋づけば　露霜負ひて　風交り　もみぢ散りけり　うつせみも　かくのみなら

し　紅の 色もうつろひ ぬばたまの 黒髪変り 朝の笑み 夕べ変はらひ 吹く風の 見えぬが如く ゆく水の とまらぬ如く 常もなく うつろふ見れば 庭たづみ 流るる涙 とどめかねつも

これが、「世間の無常を悲しぶ」ということである。後半で歌っていることは、紅顔移ろい黒髪変じる、云々といった、われわれの身体や世間での無常のありさまであるが、前半を見ると、月の満ち欠け、四季の変化といった、自然の移り行きが語られている。後半の無常感は、こうした自然の移り行きに重ね合わせられるかたちで捉えられている。

つまり、ここでは自然の「おのずから」の働きというものが、われわれ人間にとって不如意・不可抗な生老病死などの無常の働きであるとともに、それらをもふくめて働く天地・自然の大いなる働きというものと重ねて感受されているということである。

あるいは、物理学者で随筆家であった寺田寅彦は、日本人の無常感について、こう述べている。

> 地震や風水の災禍の頻繁でしかも全く予測し難い国土に住むものにとっては天然の無常は遠い遠い祖先からの遺伝的記憶となって五臓六腑にしみ渡っている……。
>
> （「日本人の自然観」[21]）

寺田は、地震や台風などの自然災害は、「わが国建国以来おそらくほぼ同様の頻度をもってくりかえされてきたものであろう」といい、それゆえそれらが「遠い遠い祖先からの遺伝的記憶」となって「五臓六腑にしみ渡っている」というのである。

ここで寺田は、「無常」とは「天然の無常」だという言い方をしている。常でないということこの世のあり方としての無常は、天然・自然の「おのずから」の働きとしての無常だということである。そもそも、この文章は、「日本人の自然観」というタイトルのエッセイの中で述べられているのであり、この、自然の「おのずから」の働きとしての無常という捉え方は大切である。

無常という、われわれには不可抗・不可避の働きは、つまり、自然の働きであり、その自然というのは、ただ暴力的にわれわれを威圧するばかりではなく、大いなる慈(いつく)しみ、恵みも与えてわれわれを育んできたものであるし、また、自然の無常の不安定な働きによってこそ、きわめて多様多彩な風光や景色がかたち作られ、またそうした環境の多様性によって日本人の感じ方や考え方、生活や文化の多様性・特異性も育て上げられてきたのだというのである。

自然の神秘とその威力を知ることが深ければ深いほど人間は自然に対して従順になり、

自然に逆らう代わりに自然を師として学び、自然自身の太古以来の経験をわが物として自然の環境に適応するように務めるであろう。前にも述べたとおり大自然は慈母であると同時に厳父である。厳父の厳訓に服することは慈母の慈愛に甘えるのと同等にわれわれの生活の安寧を保証するために必要なことである。（同）

一般的にいっても、日本の自然は、このように、地震や台風、旱魃や疫病といったような災禍ももたらすと同時に、ゆたかな恵みをもたらすと、両義的に考えられてきた。古来から日本の神道においては、われわれにどうにもならない災禍は、みな祟り神の所為であると考え、まずその神の名前を特定し、次にそれを怖れ祭り、祈り願うことによって、その荒々しい働きをやわらげ、われわれを恵み守る働きへ転じるようにと、祭祀、祭り事を営んできたとされている。

つまり、地震や台風は、たしかに不慮の無常のことながら、それは如何ともしがたい、しかも両義的な「おのずから」の、その無常だということである。しかし、それは「天然の無常」だと、そうあらためて覚悟して受けとめなおすとき、そこに、われわれには不可知の、しかし大いなる「慈」の働きもまた同時に働いてくるはずだ、という確信が寺田にはあった。親鸞が阿弥陀仏の働きに重ね、本居宣長が神々の働きに重ねて考えていたものでもある。

こうした思想の機微を、もう一例、福沢諭吉の「人間の安心」論（『福翁百話』[22]）において見ておこう。この、近代化を推し進めた啓蒙知識人の「安心論」に、かえって無常感に潜在した「おのずから」の大きな働きを感取する発想が典型的に見いだされるからである。

それは大略以下のような考え方である。

――この宇宙の中に地球があるのは、大きな海に浮かんでいる芥子（けし）の一粒というもおろかな、ごく微少なものである。ましてや人間のごとき存在は、その小さな芥子粒の上に生まれそして死んでいく、「無知無力見る影もなき蛆虫（うじむし）同様の小動物」で、「石火電光の瞬間、偶然この世に呼吸眠食し、喜怒哀楽の一夢中、忽ち（たちま）消えて痕（あと）なきのみ」といった存在である。それを貴賤栄枯盛衰等とあれこれいってあくせくしているのは浅ましい次第ではあるが、しかし既に生まれ出たる以上はそれなりの覚悟がなければならない。すなわちその覚悟とは、人間は「蛆虫」、人生は「本来戯れ（たわむ）」と知りながら、それを引き受け、なおかつ真面目に勤め一生懸命生きてみることである。人間の安心法はおよそこの辺にあって大きな誤りはないだろう。

この、周知の「安心論」にはやや込み入った論点が重層しており、それなりに丁寧に解きほぐす必要があるが、その点についてはすでに違うところで論じたこともある[23]ので、ここではできるだけ単純に論の骨組みだけを見ておこう（以下、特に断りがない場合は『福翁百話』からの引用）。

ここで福沢が立論している基本ベースは、「石火電光の瞬間、偶然この世に呼吸眠食し、喜怒哀楽の一夢中、忽ち消えて痕なきのみ」といった、上述のごとき無常感である。そしてそれを覚悟することにおいて、かえってそこに「安心」を感じ取り（それゆえそれは「本来無一物の安心」ともいわれる）、またそこにむしろ活き活きと生きる「活発さ」さえ見いだしているのである（「事物を軽く視て始めて活発なるを得べし」）。――「たとひ失敗しても苦しからずと、浮世の事を軽く見ると同時に一身の独立を重んじ、人間万事、停滞せぬやうにと心の養生をして参れば、世を渡るにさまで困難もなく、安気に今日まで消光して来ました」（『福翁自伝』[24]）、と。

そして福沢は、その「安心」「活発」を可能とする思想背景を、以下のような「霊妙不可思議」な宇宙の「自から然る」ありよう、働きに帰して説く。「万物は常に動き常に変じ、随て生じ随て滅して」いるが、「宇宙天然の大機関は霊妙不可思議にして、此地球面の万物、上は人類より下は禽獣草木土砂塵埃の微に至るまでも其処を得ざるな」く、「宇宙の万有おの〳〵其処を得て無量円満ならざるものな」のだ、と。

『福翁百話』で「人間の安心」（第七話）は、第一話「宇宙」、第二話「天工」、第三話「天道人に可なり」……といったところから書き出された、このような確信の文脈のうちに語られているのである。

たとえわれわれは「石火電光の瞬間、偶然この世に呼吸眠食し、喜怒哀楽の一夢中、忽ち消えて痕なきのみ」存在であろうと、「万有おの〳〵其処を得て無量円満」なる「おのずから」の働きの内にあるというのである。「無」の覚悟においてこそ、いわば地の「おのずから」が発動する。「天道既に人に可なり。其不如意は即ち人の罪にして不徳無智の致す所」でしかない──。

ところで福沢は、こうした宇宙の「おのずから」の働きは「唯不可思議に自から然るのみにして、之をして然らしむる所のものあるを証す可らず」という。「然らしむる所の」作者、造物主や本体などはない、どこまでも「偶然に出来たる大機関」の「おのずから」の働きをそれぞれ働いているにすぎない、というのである。

本体論を拒否する、こうした独特な発想については、坂部恵に、次のような指摘がある。坂部は、さきに見たような日本人の現実感覚にふれながら、──日本語の「移る」は「映る」「写る」であり、しかもそれを「うつす」何物も存在しない、「反映以外何物も存在しない。光以外何物も存在しない。形姿以外何物も存在しない」と述べ、さらにこう続けている。

> すべての存在をたがいに〈映し〉あわせ、しかし、おそらくは、みずからはどこにもその姿をあらわすことのない、すべての存在の根底であるものは、はたして何なのでしょうか。おそらく、日本の思考の伝統のなかで、道（老荘の意味での）、空、無、等々

としてさまざまに名指されてきたこのものは、日本の文化とりわけ民衆の文化の伝統のなかでは、間接にあるいは隠喩的に以外には言い表わしえないものとして、暗黙のうちに体得され、生きられてきました。

（「日本文化における仮面と影」(25)）

「おのずから」もまた、こうした「道、空、無、等々としてさまざまに名指されてきたこのもの」の、もうひとつの言い方である。「写し」「映し」合いながら「移り」ゆく無常のあれこれは、「間接にあるいは隠喩的に以外には言い表わしえないもの」の「反映」としてのみ存在し消滅してゆく。そして、その不可知・不可思議な働きに与るかぎりにおいて、われわれは、そこにある種の安定、安心、活気、興趣といった肯定を感じ取ることができるのである。

合理的無神論を自認する福沢においては、この「霊妙不可思議」な働きは、宇宙、天、天道、天工、天意……、あるいは「神の力、如来の徳」等々、名前は特定されない「仮」のものとされ、その働きには絶大な信頼をおきながらも、特に「謝恩の一念発起す可き」必要はないものとされている。そこに、「特に運転の恩を謝す可き」実体的対象（本体）は存在しないからである。「我々は神の代りに無を考えることによって安定しているのである。考える力がないのではない。考える必要を感じないでバランスを保っている……」――。それは、のちに伊藤整によって、こうまとめられる「発想の形式」の根底に潜んで

いるものであろう。(26)

五 「みずから」の感慨・興趣

しかし、むろん無常感と「おのずから」の感取はもともと別事ではある。必然の「おのずから」に、万一・偶然といった無常の意味を読み込もうとした知恵自体、両者が当面異なる相として捉えられていたことを如実に物語っている。無常感とは、まずもって相対有限のわれわれに耐えがたく苦しい現実の相なのである。以上に見てきたことは、その相に、何らかのかたちでその相を超えた「おのずから」の働きが重ね感得されたとき、そこに、それぞれに応じた、ある肯定が引き出されてくるということであった。

つまり、無常感の現実相をこちら側とすれば、「おのずから」とは、その裏相の、いわばあちら側ともいうべき位相に捉えられるものであろう。その意味でそれは超越の位相にあるが、かといって、今見たようにけっして本体論的構えをとらない。こちら側とあちら側との交錯、その重なりとズレといった、微妙な位相関係がそこにはある。

「あはれ」や「面白さ」を、無常感そのものの深まりのうちに「おのずから」の「成就」のリズムとして感取するといった、さきの世阿弥の能芸論についてふたたび考えてみよう。無常の認識それのみでは「あはれ」や「面白さ」はない。また「おのずから」のそれだけでも起こらない。「あはれ」や「面白さ」とは、この二つの相の重ね交わるところにはじめて湧く感慨であり興趣である。とりわけ「あはれ」とは、われわれの相対有限の自覚の感慨であって、相対有限をそれとして知らないものにも、また絶対無限に行き切ってしまった（と思っている）ものにも起こりようがないからである。

無常感とは、またその感慨・興趣とは、いうまでもなく、この私、この一回かぎりの身をまとい生き死んでいく、この自分において感じられる思いである。「みずから」の側に属する思いである。その意味で、さきに述べた、こちら側とあちら側の微妙な位相の問題とは、そのまま前章で検討した、「みずから」と「おのずから」の問題でもある。その重なりとズレの微妙な位相とは、「相即」ないし「あわい」如何(いかん)の問題でもあった。「みずから」という言い方を使ってあらためて言い直せば、無常をかこつ「みずから」が、そこに同時に「おのずから」の働きを見いだしたときに、それをそれでよしとする肯定的な感慨・興趣を味わうことができる。森羅万象・草木国土、悉(ことごと)く皆「おのずから」であるごとく、われわれ自身の「みずから」もまた本来「おのずから」のリズムを刻んでいるはずだからである。

世阿弥がそこに、「あはれ」や「面白さ」を感取しえたように、親鸞や道元が、また西田や九鬼が、それぞれの仕方で（「信」であれ、「禅」であれ、「哲学」であれ）、「おのずから」を受けとめ、それぞれの肯定のあり方を導き出していることはすでにこれまで見たとおりである。その受けとめ方に、それぞれの思想の容易ならざる闘いがあったのである。しかしそれはけっして「みずから」の「おのずから」一般への解消、還元を意味しないことはもはや確認するまでもないだろう。それは、悪しき本覚論への堕落でしかないからである。

六　人間の尊貴性

ところで相良亨は、あとでもすこしふれるが、近世の儒学者、伊藤仁斎（いとうじんさい）の思想の根底に「おのずから」形而上学を認めている。そしてその仁斎に即して、われわれが日常現実に「忠信」に生きようとすることは、「天道に叶」い、また「天工人其れ之に代る〔天工に代わって人がする〕」といった「おのずから」の無窮の生々への参与であるとしている。そして、そうした、「みずから」が「おのずから」に生きようとし、さらにはまたそれを促進しうるところにおいてこそ、人間の尊貴性を捉えうると指摘している。[27]

西洋キリスト教思想の直輸入ではなく、日本思想それ自身の思想文脈において人間の尊貴性（尊厳性）[28]をいかに基礎づけうるのか、という問題はあらためて問うべき大事な問いのひとつであるが、その意味で、この「おのずから」を「みずから」に生きようとする、人間の主体的・能動的な営みに尊貴性を捉える相良の指摘は貴重である。

こうした指摘を受けてあらためて考えてみれば、さきに見た福沢が啓蒙しようとした人間の尊貴性の説かれ方も西洋近代用語で語られながら、むしろ基本はそちらにあったということができる。「常に動き常に変じ」ながらも「万有おの〳〵其処を得て無量円満ならざるものなし」とされるなかで、人間のみがそれをそれと知って、すすんでその「本来の素質を研」き「円満の境遇に達す可」く「進歩改良」しうるのであり、そうした自覚的能動性に「万物の霊としての人間の独り誇る所のもの」を見いだしていたからである。それは、自然や外界を対象化する主体概念としての、西洋近代のそれとはかなり異なるところから語られている。まさに、「みずから」と「おのずから」との「あわい」での発想であろう。

そして、こうした認識においては、（福沢の「安心論」がそうであったように）まずもってわれわれの「みずから」の相対有限なることの認識が不可欠の前提となる。何らかの自己否定・自己限定を介する以外「おのずから」は感知しえないからである。

逆にまた、「おのずから」にふれえないかぎり、そうした否定・限定もまた本当には為しえない。それが、それぞれの仕方での自覚・修行の要請されるゆえんでもあるが、また、いずれの仕方においても、その営みはついに全的に果たされないゆえんでもある。「みずから」は「おのずから」に、わずかその「一端」「一隅」にふれうるにすぎないのであり、絶対無限の把捉は、ついに〝特殊〟においてのみしかなしえない。——「大悟を面受し心印を面受するも一隅の特地なり〔大悟心印が面受されてもそれは一隅の特殊のことである〕」（道元「面受」『正法眼蔵』）[29]。「一隅」に立ちながら、しかも瞬間、瞬間に「おのずから」に、宇宙に位置づけられて存在するということである。そのかぎりにおいて、われわれは「みずから」の現実を生きつつ、「おのずから」の超越にふれることができるのである。[30]

その特殊性とは、見方をかえれば、一回かぎりの身をまとって生きる「みずから」の特権性のあり方でもある。他の何ものにも換えがたい「私」が「私」として生きるという、それ自体まずはとてつもなく重要な事柄の問題でもある。尊貴性の問題は、「みずから」の主体性・能動性とともに、こうした一回性・個別性の事柄としても合わせ考えられる必要があるだろう。

しかし、そのうえでのあらためての問題は、そうした「みずから」の主体的・能動的な、とりわけ作為的といわれる営みがややもすれば、「おのずから」から背反するかたちになりやすいというところにある。「おのずから」と同様、本来副詞である「みずから」が「自」を名詞化・実体化し、その切り離された働きだけを頼むことにおいてそれは起こる。「私」なるものをめぐる難問はつねにここに関わっている。[31] 自覚・修行とは、つねにそうした実体化否定の営みであり、「みずから」が「おのずから」たろうとすることであった。しかしその「あわい」をけっして消し去ることはできない。その問題は、つねに問われ続けてきた「私」という存在への問いであるが、それはとりわけ、実体化された自己同一を

「近代自己」と捉え、その自立を求める傾向のある近代において、いっそう深刻なかたちで露呈してきている。それらは、第四章以下で主題的に考察することにしよう。

第三章　「古（いにしえ）」と「おのずから」
——日本人の現実感覚②

夫（そ）れ人倫有るときは則ち天地立つ。
人倫無きときは則ち天地立たず。

——伊藤仁斎

一　「おのずから」と「理」と「古」

第二章では、今ここでの日常現実が、「おのずから」と無常という発想においてどう捉えられていたか見てきたが、同時に、今ここでの日常現実を、これまでの過去（「古」）とのつながりのうちに、とくにその人倫の秩序を捉えようとする考え方も、そうとうに根強くある。

たとひ道とするにたらぬ物なりとも、天下よく治まりて失（しつ）なくば、これ真の善道（よき）なり。

（本居宣長『くず花』[1]）

たとえ多少乱れたることがあったとしても、全体として天下が持続的に治まり続くならば、それは「真の善道」と受けとめるべきだという考え方である。こうした考え方は、かならずしも近世国学のみならず、一般的な日本人の現実感覚として、とくに思想史的には、『愚管抄』（慈円）、『神皇正統記』（北畠親房）といった中世歴史観[2]や、また、国学に相対した近世儒学においても、基本理念として意識的に強調されている。

そして、そこでもあらためて注目されるべきは、そうした考え方が、「天壌無窮……天地のあらんかぎり伝はらせ給ふ……」（宣長『玉くしげ』）という天地自然の「おのずから」の働きと深く関わって展開されているということである。

ここでは、そうした発想の典型として、儒学者の伊藤仁斎（一六二七―一七〇五）をとりあげて考えてみよう。古学者としての仁斎の思想は、後継の荻生徂徠のみならず、宣長らの古道論にも大きな影響を与えていたからである。

まずは、仁斎の思想方法の根底に、「自然」あるいは「おのずから」といった形而上学的発想が働いていたことを確認しておこう。

蓋し夫子の教は、天地自然の道理、人心に根ざし風俗に徹し、時として然らずといふこと無く、処として在らずといふこと無し。（『童子問』(3) 下53――以下『童子問』からの引用は章段のみを記す）

仁斎は、孔子の教え、人の踏み行うべき人道は、「人心に根ざし風俗に徹し」た、時処を問わない普遍の教えであって、何よりそれは「天地自然の道理」だという。あるいは「道とは、人倫日用当に行くべきの路、……みな自然而然」（『語孟字義』「道」）、「本来自ら有るの物」（上14）である。

仁斎は、朱子学、また老荘・仏教への批判を通してみずからの思想を形成しているが、その批判の基本もその点にある。

二氏の教（道家と仏教）は、皆其の意想造作に出でて、自然の正道に非ず。（下28）

異端の説く「道」は、「自然の正道」に反する恣意的な「意想造作」（観念・虚構）の営みにすぎないというのである。そして、あとでくわしく検討するように、世界や人間をいわゆる「理」なるものでつかもうとすることは、結局そうした「意想造作」なのであり、かような「理に帰するときは、則ち自ら虚無に陥らざること能はず」（中68）と批判するのである。

そして、そのような「理」に代わって仁斎が説くのが、「古」を学ぶことによって生を基礎づけようとする「古学」という方法であった。「古学」においてのみ、「天地自然の道理」をふまえ「人倫日用当に行くべきの路」といったものを見いだすことができるというのである。「(物)理」について、仁斎は次のように述べている。

> 物理を講究するが若き、古人も亦廃せず。但古人は己を修め人を治むるを以て学と為して、物理を講究するに至つては、自ら其の余事と為して、専ら力を此に用ひず。……夫れ天下の書、其の多きに勝へず、天下の事、其の繁きに堪へず。如一一の理を通暁せんと欲するときは、則ち惟れ日も足らず。己を修め人を治むるの術に至つては、自ら之を度外に置かざること能はず。(下23)

ここには、「古学」の範とする「古人」のあり方として、1、「理」の「講究」自体は排斥されていないが、それは余事にすぎないこと、2、天下の事象は繁多であり、一一その「理」に通暁しえないこと、3、それゆえ、学は「修己治人の術」(「人事」)に限定され、そこに「理」は適用されえないこと、——等々が説かれている。

そしてそれは、あらゆる事象、「一木一草の微に至るまで、鑽研講磨し」そこに内在・

貫流する「理」＝「大極」なる形而上的本質を究めようという「格物窮理を以て最初」とする「後世の学問」（朱子学）への批判として展開されているのである（引用は、同じ下23）。

つまり仁斎は、天下の諸事象それぞれにあるであろう「理」そのものを否定しているわけではない。繁多なその一つ一つに通暁しきれるわけではないし、またそれが全体を貫く形而上的本質を明らかにするものにはつながらないというのである。いわば、砂つぶの一つぶ一つぶを明らかにしていく仕方で砂浜全体を明らかにすることはできない、それゆえ、そうした「理」によって、「修己治人の術」を基礎づけることはできないというのである。

こうした「理」を究めることに代わって主張されるのが、「古」に拠るということ、具体的には『論語』『孟子』に学ぶということである。それが仁斎のいう「古学」であることはいうまでもないが、しかしかといって、仁斎はこの二書だけに付いて、あまたある「天下の書、天下の事」をなおざりにしてよいといっているわけではない。むしろ「諸家の書を兼ね取り旁く捜り広く求め並べ蓄はへ、其の短を捨てて其の長を取る」（下2）という「博文博学」が積極的に奨励されている。「天下の書、皆吾が師に非ずといふことなし。孔門博学を尊ぶ者は、蓋し此れが為めなり」（同）、と。

「博学」といえば、仁斎の同時代人で彼の論敵でもあった貝原益軒の博物学・本草学が思い起こされるが、仁斎の「博学」は、益軒のそれとは異なるところにポイントが置かれている。すなわち、益軒は基本的に経験的・具体的・実証的な「博学」を説くのであるが、[4]仁斎に言わせれば、そうしたかぎりでの「博学」は、「多学」と一般であり「世俗駁雑の学」（下33）にすぎない。

これに対して仁斎は、あるべき「博学」とは「一にして万に之く」（下33）学だと主張する。真の「博学は猶根ある樹」（同）のごとき学であり、たんなる「多聞多見」に拡散する知ではなく、「根」のある、有機的まとまりを持った知を求めるものとして考えられているのである。

二　なぜ「古」に拠るのか

そうした「根」のある有機的なまとまりを持った知は「理」としてではなく、「古」として与えられる。しかしなぜ、今ここに展開する自己や世界を問うのに、ことさら「古」に拠らねばならないのか。いうまでもなく、朱子学にしてもまた仏教にしても、今ここの自己や世界を精密にまた総体的に究明しようとした壮大な営みだったはずである。そもそもが、「古」に拠るとは一体いかなることなのか。

この点に関しては、すでにいくつかの先学の考察がある。野崎守英は、「古学」的注釈の営みについて、「注釈の対象とする向こう側に預けるようにして身を置き、そこに自分を置くことを通して、向こう側からこちら側を眺めかえすことができる視点をも向こう側に見出そうとする、そういう営みが注釈である」とし、それは「自分の時代の問題、自分の時代の言葉の中でだけ考えるのでは、自己を開くに足る事柄が躍動しない」からだと述べている。(5)

また、柄谷行人は、「朱子学にせよ、過去の理論にせよ、何一つ確かなものはない。私は、それを私自身のなかに探究してみるほかない、と。だが、私自身の内部は、すでに慣習としての言葉に浸透されてしまっているではないか。内省的でありながら、しかもこの内省に対して外的であろうとすること、それが仁斎の注釈学である」と述べている。(6)

以上の考察によれば、「古」に拠るとは、まず第一に、今、現にある自己や世界を問おうとするとき、それにすでに深く狎れなずんでいる言葉や思惟様式の道具立てでは、けっして問いきれず、そこには「向こう側からこちら側を眺めかえすことができる」というような何らかの「外部」の視点に立つということである。

そして、さらに第二点として、拠るべき「古」は、「自己の外にありながら、しかしそれ自体においてひとつの世界を形成しているそういう対象」(野崎)でなければならない。それを野崎は「原典」とし、「それのうちに、世界の意味のすべてが開示されていると注釈者が見なすことができ、したがって、そういうものとしてそれに対しうる文献」と規定している。つまり、「古学」における「古」は、こうした二要件、外部性と原典性をもつがゆえに、それに拠ることが、こちら側の自己と世界を有効に照らし出すことができるのである。

以上の考察に、なぜ「古」に拠るのかという先の問いは基本的に答えられていると思われるが、ここではそこにさらに以下の問いを問うておきたい。すなわち、外部性と原典性がこちら側を照らし出しうる「古」の二要件だとして、それではその両者は相互にどう関係するのだろうか。くわしくいえば、原典 Urtext の〝原（ウル）〟とは、「みなもと」「根元」「祖形」というある種の内的連関を含意しているのであるが、その同質性・連続性と、外部性という、文字通りのそれらの〝外〟としての異質性・非連続性とを相互にどう考えたらいいのか、といったような問題である。

「古」を構成する二要件とは、じつは私が勝手にとり出し名づけたものであり、原典性については、柄谷はそうした言い方で直接的には言及していないし、野崎もどちらかといえば外部性にウェイトをおいて論じている。というより、原典性とりわけその同質性・連続性の強調は、ややもすれば「向こう側とこちら側とが同一な実質を保っているという見解」を導き、すぐれた喚起力としての外部性を撥無（はつむ）しかねないと警戒しているように思われる。

おそらくそれはそのとおりであり、原典性を〝同一性〟と安易に同定してしまうならば、「古学」的営みの肝心な部分は失われてしまうことは十分に警戒しなければならない。しかしにもかかわらず、ここであえて原典性にこだわり先の問いを立てたのは、すでに見たように、仁斎においてその「古学」的知が、「根ある樹」とも「帰宿する所」ある知とも喩えられており、その「根」「宿」とはまさに原性を語るものだと思われるからである。また、外部性にしてもそれはたんに「外にあること」のみで存立するのではなく、それがこちらにすぐれた喚起力をもつものであるかぎり、そこにはどうしても「外にあること」プラスアルファとしての何ものか、原的な何ものかがなければならないと思われるからである。

仁斎の「古学」的知の基底ともいうべきその原的な何ものかとは、結論を先にしていうならば、たとえば、次のような文にこう述べられているようなものである。

> 夫れ高きを窮むるときは則ち必ず近きに還る。卑近に返つて而る後其の見、始めて実なり。何ぞなれば則ち卑近の恒に居る可くして、高遠の其の所に非ざるを知れば也。所謂卑近とは本卑近に非ず、即ち平常の謂也。実に天下古今の共に由る所にして、人倫の当に然るべき所、豈此より高遠なる者有らん。（『論語古義』総論）(7)

つまりそれは、人には「天下古今の共に由る」べき「恒」にして「実」なる〝平常卑近〟の場があるということ、そのことへのゆるぎない確信である。「平常」の場があることへの確信とは、いささか奇異に聞こえるが、簡単にいえば、人は生きているかぎり共に営み合える日常生活があるということ、またそれこそが人の生きる根本にある確固たる基盤であるという、ごく身近なことへのあらためての確信である。

「日用」とも「平生」ともまた「家常茶飯」とも「俗」ともさまざまに言い換えられているこの〝平常卑近〞を構成する実質的中味が、「人倫日用」のそれであることはいうまでもないが、それが「天下古今の共に由る所」にして「当に然るべき所」だというのである。

それは仁斎にとっては、

> 有る者は自ら有り、無き者は自ら無し。明明白白、復疑を容るる所無し。万古の前も此の如く、万古の後も亦此の如し。（下28）

という「万古」変わらず「同じく然る」事実の核心をなすものである。こうした「明明白白」たる（「明白端的」「歴歴分明」「至正明白」等々とも）「同じく然る」事実とは、仁斎の存在認識の基底ともいうべき普遍的事実であり、まさに原的事実である。

しかし、その原的事実の「明明白白」さは、今目前に展開されている日常現実のそれでありながら、人はそのままでその「明明白白」さに気づいているわけではない。知らず識らずのうちに染みついている、有るものを無いとし無いものを有るとするような「理」的なさかしらに囚われ「俗気」[8]になずんでいるかぎり、それがそうであるとは見えないからである。

ところで、以上のような原的事実が、「有る者は自ら有り、無き者は自ら無し。明明白白、復疑を容るる所無し」と表現されていたことに注意しておきたい。その原性は、「自ら」のそれでもあるということである。「天下の同じく然る所にして、人心に根ざし、風俗に存して、……」(中72)の同然性とは、「天地自然の道理、人心に根ざし風俗に徹し、……」(下53)と補足されうるのであり、「同じく然る」とは、何より「自ら然る」ということなのである。

あとでふれるように、仁斎の、天地・人倫は生々化々、流動・交流する存在であるとする「活物」観もそこに展開されてくるし、そうしたものとして、孔子は「古」の堯舜の事業を受けとめ、その存在・当為のあり方を自覚化したと捉えられている。〝こちら側〟にありながら、かつ〝向こう側〟でもあるという、また「俗」でありつつ、かつ「一点の俗気」もないという、この〝平常卑近〟の位相とは、そのまま、第一章で見た不一不二の「相即」世界のものでもあるだろう。

仁斎は、以上のような同然性の主張を、朱子学や仏・老荘批判とほぼ平行するかたちで展開している。

三　「私」する知としての「理」

> 仏氏の学、……専ら黙坐澄心、精神を摂収するを以て事と為、三界を超脱して不生不滅なることを要す。蓋し智を用ひ自ら私し、専ら己有ることを知て、天下万世同じく然るの道を知らざるが故なり。理学者流も、亦心性一理、万物の一原なることを見得し、卒に人倫日用、天下万世通行の道を以て、道の用と為て、却て上面に向て其の然る所以の体を求めんと要す。……唯聖人は天下同じく然るの道を以て、天下同じく然るの人を治む。己を以て己を修めず、天下と共に由る。（中72）

あるいは、「聖人は天下の同じく然る所に就て道を見る。仏子は一人の心に就て道を見る。故に仏者の道は一人の私説たり」（『日札』[9]）、と。この点で仏・老荘批判と後儒批判との間に実質的な差はない。

「一人の心に就て道を見る」ことへの批判は、たんにそれが己れ一個の安きを求めて「超脱」するというところにだけあるのではない。問題はむしろ、結果としてのそのこともふくめて、「一人の心に就て」自己を、そして他者や世界・宇宙を捉えようとする、その捉え方そのものに向けられている。

さきに見た「意想造作に出でて、自然の正道に非ず」（下28）とは、そのことである。――われわれは山林にこもり世俗との交わりを絶って、「黙坐澄心」して思いを凝らせば、たしかにこの世は「幻妄」「空相」に見えてくる。しかしそれは、無理にそうすればそう見えてくるという「意想造作」（観念・虚構）にすぎない、それらはけっして、現実を、また現実の人倫を捉えたものではない、と。こう批判し、続けて「人世を夢幻にすとも、人世何ぞ夢幻ならん。……夢は是れ夢、幻は是れ幻、有る者は自ら有り、無き者は自ら無し。……」と、さきに引いた文章につなげている。

つまりそれが、「智を用ひ自ら私」するということである。何よりそれは「自ら」に反する。ここでの批判は、直接的には、「みずから」も修行したという「白骨観」など仏教の観法に向けられているのであるが、それはそこにとどまらず、その根底にある認識や思惟のあり方を共有するものとして、朱子学・老荘にも向けられている。要するにそれは、「理」なるものによって、現実や人倫を捉えようとする思惟方法への批判である。

つまり、「理学者流」の「心性一理、万物一原」という考え方は、所詮おのれ「一人の心に就て道を見る」という観念・虚構にすぎないということである。「心性一理」で捉えられる他者や世界はそのすべてが、――たとえそれがどれほど「明鏡止水（めいきょうしすい）」に達していようとも――所詮「一人の心」（＝「一理」）の同一のトレース（「万物一原」）にすぎず、そこではいかに他者に関わろうとも結局は、他者不在の「己を以て己を修め」ることにしかならないではないか、という批判である。

仁斎において「理」とは、「一一（いちいち）の理を通暁せんと欲するときは、即ち惟（こ）れ日も足らず」とされるものであった。けっしてそのすべてに「通暁」しえない、しかもそのどこにも「帰宿する所」（「根」）を持たない「理」によって捉えられる現実や人倫は、所詮その「理」を語る人「一人の心」の、恣意的・私意的な延長にならざるをえないということである。

それが「私説」ということである。微を究め妙を極めてそこに内在・貫流するはずの天地宇宙の「理」によって、「人事」「事物」を斉（ひと）しなみに解明しようとする考え方は、それがいかに緻密・壮大な体系を築きあげようとも、結局は「一人の心」の「意想造作」であり、「智を用ひ自（みずか）ら私」することでしかないというのである。

このように見てくれば、こうした「理」的認識のアンチ・テーゼとして説かれている同然性が、けっして懸念されるような同一性（イコール）ではないことが明らかであろう。仁斎においては、人々の心や性あるいは「人事」・事物に連続・同一の「理」があるというわけではない。人々の性は、それぞれ「参差（しんし）〔ふぞろいで〕斉しからず」（『字義』「性」）、また「限り有」(上21)るものであって、人間はそうした個別・有限な存在であると規定されていることは、すでに十分論じられているとおりである。[10]

むしろ、人間はそうした個別・有限な存在でありながら、またそれゆえに時に従い俗を変え、礼・法・政もその具体的中味を変えながら、なお「天下古今同じく然る」「人倫日用」を形成しているというところにこそ、仁斎の人間認識の核心を認めるべきである。同然性とは、こうした個別・有限な人間存在の「相親しみ相愛し、相従ひ相聚」(上8)るという(「一人」ではない)共に由るべき基盤がつねにあることへの確信の表明であって、その具体的中味の固定した同一性の表明ではない。[11]

四　天地万物の「活物」性

さて、以上のような「理」的認識への批判は、そのまま仁斎の、天地自然の「活物」観からの批判でもある。仁斎は「相親しみ相愛し、相従ひ相聚」るという働きをもつ人・心を、生々・流動・交流する「活物」と捉えて、「夫れ心は活物なり。学は活法なり。活法を以て活物を治む」(下24)と、「活法」としての学問の意義を強調して次のようにいう。

問ふ、何をか活法を以て活物を治むと謂ふ。曰く、学問は須く活道理を看んことを要すべし。死道理を守著せんことを要せず。枯草陳根（古い根）、金石陶瓦の器、之を死物と謂ふ。其の一定増減無きを以てなり。人は即ち然らず。進まざるときは即ち退く。退かざれば即ち進む。一息の停る無し。死物の若く然ること能はず。（下25）

人は「一定増減無き」「死物」ではなく、「一息の停る無」き「活物」である。ゆえにそれを捉えるに「活法」たる学問でなければならない。しかるにそれを「理」で捉えようとすることは、「活物」たる人間を枯草や陶瓦のごとき「死物」と見なすことだ――。さきに見た「黙坐澄心」や「明鏡止水」に捉えられる相とは、こうした、対象の「一定増減無き」静止・固定した相の抽出にすぎない。つまり、それは言い換えれば、対象の抽象化・一般化ということであるが、その仕方が活き活きとした具体的実在を勝手に「死物」化あるいは「無物」化することだというのである（「猶ほ無物の地に於て物を求むるが如し。眼中見る所有るが如しと雖も、而も実は物無し」中62）。

結局そこでは、活き活きとした実在や人間・人倫を見失うとして、「理に帰するときは、則ち自ら虚無に陥らざること能はず」（中68）と結論づけられる。程度の深浅はあれ、人倫の同然性（「性善」「活物」性）を認めえず、そこに向って努力しえない「自暴自棄」「邪説暴行」もまた同じところに帰因しているというのである。[12]

さて、このように、「理」的認識を排して「古」に拠ることにおいてのみ、「天下古今同じく然る」、「自ら然る」あり方に随うことができるという考え方は、仁斎の孔子観にも顕著に表れている。

孔子が「宇宙第一の聖人」と称されるのは、彼が「高く天下の上に出づるの明有て」、はじめて「天下古今同じく然る」＝「自ら然る」道をそれとして明らかにし、教えを立てたからであるとされている（下51）。しかしそれは、孔子が「みずから」創造したものではなく、「古今を照し、群聖を歴選」して「万世の標準為るべき者」として堯舜（文武）の治世を選び、それを「祖述」したものだとされている。「卒に我より古を作さず、是れ孔子の本心にして学問の極則なり」（同）。つまりその意味では、孔子もいわば「古」に拠る「古学」者ということになる。

仁斎は、「奚ぞ自ら作さずして、而して之を祖述するや」（下51）、とか、「仲尼〔孔子〕生民有てより以来未だ有らざる所の聖を以て、堯舜を祖述し文武を憲章するは何ぞや」（『中庸発揮』下）[13]といった問いを随所にくりかえしている。

しかし、この、なぜ「祖述」なのか、またなぜそれが「特に堯舜」なのかの問いに、仁斎はかならずしも明快に答えてはいない。こうしたなぜに対しては、「此汝が識る所に非ず。其の之を祖述する者は、是れ自ら之を祖述するなり」（下51）とが、「其の当に祖述すべき者を祖述し、其の当に憲章すべき者を憲章す」（『中庸発揮』下）と答えるにとどめている。

語るのは、「伏義、神農、……」ら三皇・三帝の道は「専ら磅礴（広々とした様）、広大無為自化を尚んで、実に人倫常道に宣しからざる者有る」（下52）ゆえにこれらをしりぞけ、ただ堯舜らの時代においてのみ、「家自ら斉まり、国自ら治まり、天下自ら平らか」であったがゆえに、その治世・事業を、「万世通行の典」「万世の標準為るべき者」（下52）としてこれを「祖述」したのだというのみである。

つまりそれは、言を尽くして、これこれであるがゆえにこれこれであるとは語りえないものとして、積極的にエポケーされている事柄だと考えるべきであろう。何よりそれは、孔子自身がエポケーした（「明らかにその意を言はず」）ものであり、それ以上語れば、「おのずから」を逸脱し、諸子百家のように「自ら私し智を用ひ」いる「理」となってしまい、ついには「邪説暴行」となってしまうものと考えられたからである。それが、「「信じて古を好む」と。……卒に我より古を作さず、是れ孔子の本心にして学問の極則なり」ということである。

今見たように、孔子が三皇・三帝の道をしりぞけたのは、それらが「専ら磅礴、広大無為自化を尚んで、実に人倫常道に宣しからざる者有る」と考えられたからであった。漢の一書に「大道」と名づけられた、こうした考え方は、要するに、広大・高遠な宇宙形而上学を構想しそこから人間の生き方を説く立場である。堯舜前後の時代では、それは老荘（「無為自化」）に代表されているが、仁斎において、そうした考え方は、「其の理隠微にして知り難く、其の道高妙にして行ひ難く、人事に遠ざかり風俗に戻る」（上27）とされる。そうした「高遠広大知り難く行ひ難きの説は、即ち邪説暴行」（下50）の論なのである。最初に確認したように、仁斎にとって天地宇宙の働きは、その思想の中枢に関わることである。自身の要語解説書である『語孟字義』は、「天道」から始められている。仁斎にとって天地宇宙とは、端的に、一元気、一大「活物」の生々窮まりない働きそのものであり、人もそれに与り、「相親しみ相愛し、相従い相聚」るという人倫の「活物」性もそれに同定されるべきものと捉えられている。

その意味で天道と人道は一道であり、人は人道にのっとって生きるならば、すなわち「孝弟忠信、身を修め業を勤め、夙夜懈らずんば、即ち自ら天道に合い、人倫に宜しく、人為る所以を失」（上8）わずに生きうる。「天下古今同じく然る所」の人道をそれとして明らかにし立教しえた聖人の「高く天下の上に出づるの明」とは、そうした天地・人倫のあり方を十分見通したものでもあった。[14]

ただ、その「高く天下の上に出づるの明」が、けっして「高遠広大知り難く行ひ難きの説」（「大道」）を導くような「上」「明」ではないと区別されていたこともあらためて注意しておかねばならない。仁斎は、天地宇宙については、基本的に、一元気、一大「活物」の生々窮まりなき働きであるという以上は言及していない。それはたとえ「聖人と雖も之（「天地始終開闢の窮際」）を知ることは能は」（『字義』「天道」）ず、「明らかに之（「千古不伝の秘」）を言はんと欲するときは、則ち義解に落つ〔言葉の解釈に終る〕」（中67）しかないものだからである。[15]

天地宇宙はどこまで究め知ろうとも、最終的にはけっして「窺ひ測るべからざる」ものとして、一元気の活動であるという以上には、「更に一層の理を説かず」「復た一語を加へず」、あるいは「議せざるを妙とす」（『字義』「天道」）べきものだというのである。

なぜ「祖述」なのか、なぜ「特に堯舜」なのかをエポケーしたのは、天地宇宙「おのずから」を「理」では語りえないものとして措定することである。いうなれば、天地宇宙を文字通り、〝超越〟と受けとり位置づけるということであろう。

それゆえそのことは、むろん、天地宇宙そのものを求め問わないということではない。仁斎においてはむしろ、人倫を人倫として限定的に問うことにおいて、それは積極的に問われていると見ることができる。つまり、天地宇宙を一大「活物」の生々の働きとしてそれを人倫において求め問うということであり、それ以外、それ以上の〝天地宇宙〟をそれ自体として問うことをエポケーするということである。

むろん仁斎とて、人問・人倫をはるかに超え出て包みこむ「磅礴（ほうはく）広大」な〝天地宇宙〟を容易に切り捨てえたわけではない。しかしそれをあえてエポケーしたのは、そうした〝天地宇宙〟に高く遠く眼を馳せることが、かならずや「邪説暴行」を招くにいたるという洞察を、孔子のうちに、またみずからのうちに確信したからである。仁斎において、天は、むしろ以下のように語られるべきものであった。

卑しきときは自ら実なり。高きときは必ず虚なり。……人惟蒼蒼の天を知つて、目前皆これ天なることを知らず。天は地の外を包む。地は天の内に在り。地は天の内に在り。地以上皆天なり。左右前後も亦皆天なり。人両間に囿して居る。豈遠しと謂ふべけんや。（上24）

天地宇宙とは、ふつう人がそれだけと思っている「高遠」な「蒼蒼の天」ではなく、人がその「両間に囿して居る」という「左右前後」「目前」の「卑近」に求められるべきものである。つまりそれは、「卑近」な「人倫日用」をそれとしてはっきり捉えられたとき、同時に捉えられてくるというようなもの（一大「活物」の生々無窮の働き）だということである。

ただこうした天地・人倫のあり方は、それがいかに「卑近」にあるとはいえ、その「卑近」な原的事実は、さかしらや俗気に囚われているわれわれにはあくまでも「外部」（超越）としてあることはくりかえし確認しておかねばならないだろう。

以上のような仁斎の洞察は、以下の一文に一層明らかである。

天下豈常道より大なる者有らんや。若し常道を外にして別に大道有りと謂ふときは、則ち其の所謂大道といふ者は、必ず是れ邪説也。……人倫に益なく、世道に裨け無き者は、聖人取らず。故に孟子の曰く。「堯舜の道は孝悌のみ。」又曰く。「堯舜の知も、物に遍からず、先務を急にする也。（『字義』「堯舜既に没して邪説暴行又作るを論ず」）

はてしない「物に遍き知」を前提にそこから人間の生き方を説こうとする「大道」ではなく、あくまでも「人倫」を先立たせそれにプラグマティックなまでに限定し、そこに見いだされた「常道」の立場に立つこと、それが孔子の堯舜を選んだゆえんであり、三皇・三帝をしりぞけたゆえんだというのである。「常道」においてこそ「天道に合」いうるのであって、「大道」は、それに深入りすればかならずや「邪説」となり、「虚無」や「暴行」を招くものだからである。

以上のような態度の仁斎に語りうることは、孔子に先立つ「古」に「自ら平らか」であった堯舜の治世があり、それが「人倫日用の道」の典拠であること、またそれこそが人々の生きる「古今同然」の基盤であると孔子がはじめて明確に説いたということ、それのみであり、それが孔子の「堯舜を祖述するの意」だということである。

夫れ道の至極は、必ず万世不易の常道に極まる。則ち君臣父子夫婦昆弟朋友の交りにして、孝弟忠信を以て本と為す。苟も孝悌忠信、則ち万世不易の常道にして、実に道の至極たることを知れば、則ち夫子の堯舜を祖述するの意を知る。（『日札』）

「万世不易の常道」が「道の至極」であるとは、「天下古今同じく然る所」の「人倫日用」こそが人の生きる根本の基盤であるとする、仁斎の原的確信である。そして、それがそうだと知ることこそが、「夫子の堯舜を祖述するの意を知る」ことだというのである。「堯舜の道」（＝「人倫日用」の道）は、「物に遍」き「理」ではとり出せないがゆえに、孔子はそれを「祖述」したのであり、人々もまた、その「祖述」されたものに拠って日常を「反求」する以外に、それを知ることはできないのである。

以上のような、孔子の「祖述するの意」、またその徳の偉大さを本当に理解できるならば、すなわち「苟も真に夫子の道の徳の大、実に堯舜に賢つて、生民以来、未だ嘗て有らざる所の盛を知らば、則ち汝に許す、眼宇宙を空ふす」（下53）と、仁斎は『童子問』の掉尾に書きつけている。

孔子の道の徳の偉大さを本当に知るとは、今見たように、つまりは孔子に拠りながら「反求」するさきに「自然而然」「人倫日用」こそ至極であると知って、それを生きうるということであるが、そうした彼のいわゆる「上達の光景」には〝宇宙〟が「空ふ」されるというのである。

とすれば、その「空ふ」される〝宇宙〟とは、この『童子問』をはじめとして仁斎がくりかえし批判し続けてきた（ということはそれだけ人々の間には根深く浸透していた）「理」的・「大道」的認識のそれであろうことは容易に想像される。それは、老荘から禅、後儒と、ある意味ではいつの時代においてもつねに、有限な人間を（それがはるかに包み超えているがゆえに）脅かしまた「高遠」に誘いだし続けてきたところのものであろう。それを「空ふす」ることにおいてこそ、人は生々無窮の「宇宙」を生きることができるのである。

五 「人倫有るときは則ち天地立つ」

仁斎は、こういう言い方をしている。

夫れ人倫有るときは則ち天地立つ。人倫無きときは則ち天地立たず。（下50）

これも以上のような思想文脈のなかで理解されるべきものである。「人倫日用」こそが人の生きる根本の基盤であると明確に自覚化されたとき、天地もまた同時に、生々無窮の「おのずから」の働きとして自覚化されてくるということである。

「仲尼(ちゅうじ)は即ち天地なり」(同)という、異様な、しかしほぼ同様の事態を表している表現は、その自覚化をはじめて成し遂げた孔子の徳業を讃えてのものであるが、そのことが同時に、その自覚を「みずから」生きようとするわれわれ人間の主体的・能動的な営みをそれとして讃えるものであったことは前章六節で見たとおりである。

明治初期の、「東洋道徳・西洋芸術(技術)」とか「和洋折衷」といった啓蒙思想の便法が有効性を失ってくると、いわゆる「煩悶現象」として一部の知識人のあいだでは深刻に問われてくる。そこでは、

それ世間ありて天地あるに非ず。天地ありて世間あるなり。此の吾は先づ天地の児ならざるべからず。世間に立つの前、先づ天地に立たざるべからず。(国木田独歩「岡本の手帳」(16))

とは、彼らに共通の認識であった。それは明らかに、「夫(そ)れ人倫有るときは則ち天地立つ。人倫無きときは則ち天地立たず」とは異なる発想である。天地宇宙から、自己をはるかに超え出て包む天地宇宙からこそ、人生の意味が与えられるという考え方である。

しかし、独歩が晩年、「要するに、悉逝(みなゆ)けるなり」と結論せざるをえなかったように、ひたすらこうした仕方で人生の意味を見いだそうとする試みは、その試みがもたらす懐

疑・煩悶を脱け出しえず、結局のところ、仁斎のいわゆる「虚無」「自暴自棄」に近い精神状況を導かざるをえなかったこともまた確認しておかねばならない。

こうした問題については、なぜそれがそう問われたのか、の検討もふくめて、より詳しい考察を要するが、それは次章以下であらためて考察することにしたい。

第四章　宇宙人生の「不可思議」さ

――国木田独歩の覚めざる夢

蟪蛄（けいこ）春秋を識（し）らず
伊虫（いちゅう）あに朱陽（しゅよう）の節（せち）を知らんや。
〔ひぐらしは春秋を知らない、とすれば、どうしてこの虫は夏を知っているといえようか〕
――親鸞『教行信証』

一　夢幻観の中身

前章の最後でふれたように、「夫（そ）れ人倫有るときは則ち天地立つ。人倫無きときは則ち天地立たず」と、人倫の側から天地の「おのずから」の側の働きを受けとめようとした伊藤仁斎らに対して、「それ世間ありて天地あるに非ず。天地ありて世間あるなり」と、まずは天地の「おのずから」の確認を先に、そこからすべてを出発させようとしたのが、啓蒙思想を突き抜けての近代日本の思想・倫理（人倫・世間）の出発点であった。それだけ、天地の「おのずから」が見えなくなっており、かつまた、それがその分、はげしく求められたということである。

その代表的な思想家・文学者が国木田独歩（一八七一－一九〇八）である。独歩は、こうして、この世に生きること、生きてきたことが夢幻ではないかと再三訴えている。

夢と見る見るはかなくも　なほ驚かぬ此のこころ
吹けや北風此の夢を　うてやいかづち此のこころ
をののき立ちてあめつちの　くすしき様をそのままに
驚きさめて見む時よ　其の時あれともがくなり

（国木田独歩「驚異」[1]）

この世の夢幻観は、第二章でも見たように、時代を問わない日本人の一般的傾向であった（一行目の「夢と見る見るはかなくも　なほ驚かぬ此のこころ」は西行の歌）が、ここでは、その特殊近代のそれとして語られている。

まずはこの点から見ておこう。独歩がこの世のいかなるあり方を夢幻と感じたのか、である。彼の語る夢幻観とは、第一に、本来に対する非本来の謂いである。

人生、人生、これ何ぞや。吾が生、これ何ぞや。……嗚呼美妙なる天地に於ける此の人生！　されど吾が心は夢中にありて世てふ翼の下にまどろみつゝあり。天地の真光に触れざる也。

（『欺かざるの記』[2]明治29年8月21日――以下、『欺かざるの記』の場合は29・8・21と、年月日のみを記す）

独歩にとって本来とは、今ここにおいて、「みずから」の存在が無窮にして真実・美妙なる天地・自然（そこには、そうした働きを統括するものとしての「神」が思い見られている）に内在的・有機的に連なること、またそのことによって「みずから」が独立独歩の確乎たる主体として確立すること、[3]さらには、そうした主体同士があるべき倫理を形成すること、であった。

夢幻とは、そうであるべきわれわれが、非本来的に、虚偽・虚栄・妄想・欲望のうずまく世間・社会のうちにまどろみ惑っているという思いである。この世のもろもろは、天地自然（「神」）の「真光に触れ」ることによってこそ、その根拠・価値・意味を与えられるのであって、それを見失っているわれわれは、無根拠、無意味に浮遊しているように感じられるというのである。

その夢幻観は、第二に、今ここでの自己や世界の曖昧さ、不透明さそのものとして語られている。それは今見た第一の点とほぼ重なる事態ではあるが、あえて分けるのは、第一の夢幻観が、ともあれ本来を前提しての非本来の思いであったのに対して、ここではかならずしもそうした本来であるか否かは（当面）問われていないからである。

自分は以上の如く考えて来たらまるで自分が一種の膜の中に閉じ込められてゐるやうに感じて来た。天地凡てのものに対する自分の感覚が何だか一皮隔てゝゐるやうに思はれて来てたまらなくなつた。そして今も悶いてゐる自分は固く信ずる、面と面、直ちに事実と万有とに対する能はずんば「神」も「美」も「真」も遂に幻影を追ふ一種の遊戯たるに過ぎないと、しかしてたゞ斯く信ずる計りである。（「死」）

ここで独歩は、覚めゆく世界が「神」「美」「真」であるか否かは問うていない。それ以前にまずは、この「一皮隔てて」いるような状況を超え出なければ、それらを云々することそのものも「遊戯たるに過ぎない」と嘆いているのである。「美と真と善と、わが願はこれを求めんことに非ず。……わが切なるこの願ひとは、眠より醒めんことなり。夢を振ひおとさんことなり。……信仰を得んことに非ず、信仰なくんば片時たりとも安ずる能はざる程に此の宇宙人生の有のまゝの恐ろしき事実に痛感せんことなり」（「岡本の手帳」）。生きていることとの「曖昧」「漠然」「朦朧として浮動幻転」（「苦悶の叫び」）していること、それ自体のもどかしさが訴えられている。
ほぼ同様の苛立ちを同時代人、北村透谷はこう説明している。

> 悲しきLimitは人間の四面に鉄壁を設けて、人間をして、或る卑野なる生涯を脱すること能はざらしむ。鵬の大を以てしても蜩の小を以てしても、同じくこの限を破ること能はざるなり。而して蜩の小を以て自ら其の小を知らず、鵬の大を以て自ら其の大を知らず、同じく限に縛せらるゝを知らず欣然として自足するは、憫れむべき自足なり。(4)
>
> (「人生に相渉るとは何の謂ぞ」傍点原文)

「蜩の小を以て自ら其の小を知」ることも、「鵬の大を以て自ら其の大を知」ることも、「みずから」その「限Limit」を超え出てみなければわからない。春秋を知らない蟪蛄(夏蟬)は、「みずから」生きる夏をそれとは知りえないのである。(5)「みずから」生きることの世界が「小」か「大」か、「本来」か「非本来」かを知るには、ともあれ何らかのかたちでその「外」に出ずる認識が要請されている。

独歩が夢幻と表現したところを透谷は「牢獄」と表現している。もっともそれは、独歩・透谷らがそうした「外」の認識をまったく持っていないということではない。彼らは「世間」に「欣然として自足」しているわけではなく、「みずから」がその「限に縛せら」

れていることをそのこととして知っている。それは彼らが不完全ながらもそうした認識を持っていたからこそ知れたのであり、またそれゆえにこそその生の不可視・不透明さを嘆いているのである。

その夢幻観は、第三に、みずからの存在の、とるに足らない有限卑小さの意識として語られている。

> 無窮の自然を思ひ較べて短生の人生を思ふ時は実に戦慄に堪へず憂愁に堪へざる也。（26・9・11）

それは、天地・自然の無窮性に発想の基本尺度におくことによって、それにうまく連なっていないみずからの存在の瞬間化がもたらされ、疎外されるところに生ずる。これももともとは、第一の「本来」喪失のありようではあるが、その、よりすぐれて近代的な一ヴァージョンである。

――「嗚呼タイム。凡てのもの此の永劫の海に浮沈消滅す。嗚呼幻なる哉、時！　昨日昨夜は何処にある。吾！　これ幻たる哉。嗚呼吾の生存を感ず。此の現存する吾！　此のタイム。此の無窮！　知らず相関するの深意は如何」（27・8・17）。

「此の現存する吾」は、たしかにその「生存を感」じつつも、それが無窮と何らかの手応えある「相関」を感じえないかぎり、その「過去」は消えてもどらず、その「未来」はいたずらに果てしがない。その間にむなしく浮かぶ「現存する吾」には、あらゆる事象が、そうした「時」によってすべて空無化されてしまうように感じられてしまう。

――「ア、天地悠々、歳月は逝(ゆ)いて止まず。明年は如何、明々年は如何、十年の後は如何、将た百年の後は如何、百年回顧すれば一夢の如く、千年回顧すれば一瞬のみ」（26・3・13）。

要するに悉(みな)、逝(ゆ)けるなり！
在(あ)らず、彼らは在らず。
秋の入日あかくと田面(たのも)にのこり
野分はげしく颯々(さつさつ)と梢(こずえ)を払(はら)ふ
うらがなし、あゝうらがなし

（「秋の入日」）

死を直前に、「要するに」と書き出されたこの絶唱は、独歩生涯の「うらがなしい」結論である。「要するに」と、性急に問うその目は、ひたすら遠く無窮へ（あるいは、無窮から）馳せられており、その分手前の諸事象が夢幻化している。いわゆる近代的「時間のニヒリズム」(6)である。

二　夢幻観と現実行動者・独歩

さて、独歩の夢幻観はおよそ以上のようなものとして、それでは独歩はこうした夢幻の思いを現実にどう処したのだろうか。じつは、独歩は、こうした、天上を見上げながらこの世の夢幻を嘆く文学者であったが、しかし同時に一方で彼は、地上を生きる激しい行動者でもあった。[7]

理想に燃えて私塾をおこし、従軍レポーターとして参戦し、北海道開拓事業に乗り出し、印刷会社の設立を画策し、みずからの出版社も経営している。また、その政治志向もきわめて旺盛であった。――明治二四年、東京専門学校英語政治科改革ストライキに参画、退学。二六年、自由党機関紙「自由」社に入社。二七年、徳富蘇峰(とくとみそほう)の民友社に移る。三二年、報知新聞社に入社、政治外交面を担当。三三年、自由党星亨(ほしとおる)の政治機関紙「民声新報」社編集長に就任、翌三四年には、星と組んで代議士出馬運動を企てるも星の暗殺により挫折、等々。

細切れの経歴が物語るごとく、いかに現実に欺かれがちであったとはいえ、こうした、たび重ねられた現実志向・政治志向には、なみなみならぬ彼の情熱をうかがうことができる。しかしてその情熱は、次のように語られるものであった。

吾は宇宙的なり、吾は理想的なり、吾は宇宙的理想的に由て政界に立たんと欲す、吾の事業は革新に在るなり、我国政をして自由なる政治たらしめ我国民をして真理理想に由て立つの国民たらしめ、我国運をして世界人類進歩の魁たらしめんとするに在り、吾が政治界に立つ之れに由るなり。決して政治的、即ち野心的、名利的、肉欲的ならざる也。（26・2・19、傍点原文）

みずから傍点を付して強調しているところにかえってその内面の葛藤がすけて見えるが、その点については後でふれるとして、ともかくここで主張されているのは、その政治理念はあくまで「宇宙的理想的」なそれだということである。いうまでもなく「宇宙的理想的」とは、天地・宇宙（あるいは「神」）なるものに基礎づけられ、この世を本来へと革新すること、天地無窮に連なるものとして人に内在する「人情の幽音」「ヒウマニテイ」といったものを啓発・普及せしめること、である。

「理想、——成程吾には理想あるなり、此の世は実の世にして決して夢の世に非ず、神は存在す、……………………今書かずともよし、兎も角も、理想の人間、理想の国家、理想の杜会、これ等の事を十分考究して記憶し居る可し」（26・2・23、傍点・省略点線原文）。——かろうじて言いとられている「神は存在す」という前提においてのみ、「此の世は実の世にして決して夢の世」ではない。そのいわゆる「理想の事業」(26・2・3)とは、何らかのかたちでそうした前提をこの現実に証すべく営まれたのである。

しかし、そうした理想の現実活動はことごとくが中途で挫折する。彼に現実に関わる才覚が欠けていたといえばそれまでであるが、政治の具体状況の問題としていえば、自由民権運動も壊滅し強固な国家体制が着々と推し進められていく明治二、三十年代にあって、ただ声高に「宇宙的理想的」に革新せしめようとする、きわめて観念的な政治活動の介入する余地はなかったということでもある。

独歩の政治には、現実にあって現実を見、現実のなかからそれを変えていくという志向はほとんどない。ただあるべき「理想」が思い見られ、それの現実への適用のみが求められている。その政治批判なるものは、現実の政治が如何に虚栄・権勢・名利・情実によって営まれているか(つまりいかに「宇宙的理想的」に反しているか)のみに終始しているように見える。

そしてその批判は、そのまま、みずからにも向けられている。「政界に立」とうとする情熱自体が、はたして「宇宙的理想的」なものか、はた「野心的名利的」なものかと、つねに自問・自責せざるをえなかったのである。「自ら理想に立つ能はず、何を以て世を導かん、何を以て人を救はん」(26・3・21)。かくしてまずはみずからの「宇宙的理想的」な自己確立をと、すべてに先行していっそう過激に求められるのである。

結局独歩は、このような文学とも政治ともつかない活動において、かく動揺しながらも（というより動揺したからこそ）くりかえし時を変え場を変えて、「理想」に挑み、またそのたびに現実に敗退し続けている。

三 「客観」の詐術

さて、第二章で見たように、人生夢幻の思いはいつの時代にもあったし、またそれへの処し方もそれぞれあった。――「浅き夢見じ 酔ひもせず」と歌った「いろは歌」には志向すべき他界が想定されていたし、「いつの世に長き眠りの夢さめて」と歌った西行らにはそれに連なる「隠遁」という範型があった。そもそも広く仏教にはそうした手だてがさまざまな形で蓄積されていた。「人間五十年夢幻の如くなり」、「浪速（なにわ）のことも夢の又夢」の思いを語った武士たちにはそうした手だては選ばれなかったが、代りにそこにかけて生き切ることによって手応えを感じえた「共同体」（主君・家・名・情……）があった。また、第三章で見たように、近世においても、伊藤仁斎・本居宣長らには、よるべない浮世に見えるこの世を「古」から補塡し充実に向かわしむる装置があった。そのいずれにしてもそれぞれのあり方において、まさに独歩の願った、無窮にして本来的な天地・宇宙の「おのずから」なる働きを感得しえていたのである。

しかし独歩の場合、以上に見たように、かくも切に願いながら、それに向かうべき諸志向は全敗に封ぜられた。なぜに、と問うならば、そこにはすでに、かつて機能しえていた諸手だてが見失われたから、ともいえるが、独歩に即してみれば、事態はむしろ逆であってすなわち、そうしたものこそ今や「目覚め」を阻害するまやかしの旧弊であり、それらを「ただちに」突き破ってその〝外〟に出る以外に真の「目覚め」はありえない、と考えられていたからである。

以下、こうした点について、その求め方・願い方の問題として、とりわけ、それらの根本にあったものの〝認識〟のあり方それ自体の問題としてあらためて検討してみよう。そこにそれ以前のいずれのあり方でもありえなかった独歩の「近代」が現れてくるように思われるからである。

さて、独歩の「目覚め」への志向とは、ともあれ、みずからをおおう不透明な膜を破って、自己と世界とをそれとしてくっきりと摑みとることであった。そうした曇りなき認識を獲得することであった。彼はしばしばそれを、「面と面、直ちに事実と万有とに対」し、世界・宇宙をそれとして「エンブレース」embrace（包懐）するといった認識として述べている。

そうした認識が捉えるのは——さきに見た夢幻観の分析の順でいえば——、まず本来世界たるべきであった。本来世界とは、自己と宇宙とを貫く定まった「約束」「深幽にして神聖なる法則」（26・9・5）のある世界、現実と根拠・意味とがひとつに重ねて受けとめられるような世界のことである。それは独歩が、ワーズワース、カーライルといった西洋近代のキリスト教思想に学んだ世界像であったが、「目覚め」「驚異」とはそうした世界にwonderful！と叫ぶことであった。しかし、そうした、本来世界を「エンブレース」しうる認識とは一体いかなる認識なのだろうか。

独歩は、世界の見え方に「主観」と「客観」の二種類あるとして次のように述べている。

客観よりすれば如何なる大人豪傑も到底一時代、一境遇、一生命の外に出でじ。吾とても然り。吾の吾は到底吾の吾たるの外あらず。されども主観よりすれば到底人間はかゝる狭小なる吾にて満足し能ふものに非ず。古今を貫き宇宙を包懐（エンブレース）し、大我平等に入り、生死境を脱し、自由永久の国を希望するにあらざれば満足するものに非ず。（27・3・30）

主観の信仰の火に燃ゆる時は兎（と）も角（かく）、客観して此の「吾」を思ふ時に於ては無限の愁哀を感ぜずんばあらず。（27・4・9）

これらの文によれば、独歩に求められたその認識とは、まずは「古今を貫き宇宙を包懐（エンブレース）し……」することをめざす「主観」のそれだとされている。しかし、これらの文が同時に語っているのは、そうした「主観」による認識は、その認識だけではけっして完結・自足しえていないということである。「無限の愁哀を感」ぜしめるという「客観」が、それをつねに外から阻害してしまうからである。そこではとうてい「古今を貫き宇宙を包懐」する「主観」は、その十全な認識を保ちえない。

独歩に求められた認識がもし現出するとすれば、それは何らかのかたちで「主観」が「客観」をおおうところ、一致するところ、屈服させうるところでしかありえない。「かくあるべし」（主観・意味）と「かくあり」（客観・現実）とがひとつに重ねあわされたところ、である。

「詩的に視る、是即ち主観的客観的視するの謂ひ也。茲（ここ）に始めて吾が霊に於て視る也」（27・8・7）という、「主観的客観的」な「霊」の認識、「円満なる人類的主観こそ、円満なる人類の宗教なれ。……ゴエテの如きこれならん。ウオーツウオースはこれなり。然り吾をして此の大主観に達せしめよ。」（26・12・12）という、「人類的主観」「大主観」とは、まさにそうした認識のあり方を表している。あとでもふれるように、一方で独歩は、近代批判として「客観」批判を展開しているが、それがいかに、「無限の愁哀」をもたらすものであろうとも、その「客観」の説得ぬきに、その認識（「目覚め」）は達成しえないとするところに、独歩の、いわばイロニーとして「近代」があったといえるだろう。(8)

重ねて問うならば、かような「主観的客観的」な「霊」の認識、「大主観」の認識とは、一体いかなる認識なのだろうか——。それは、いわば「神」の目のごときものに重ねうる認識である。「面と面、直ちに事実と万有とに対」し、世界・宇宙を意味・「約束」とともに包懐するといった認識はそこまで到らなければ成立しえないからである。

そして事態はいささか錯綜するが、西洋近代の認識論の由来をひもとくまでもなく、じつはそれこそが本来〝客観〟といわれるものである。世界を、確乎たる「約束」(摂理)とともに整然と摑み出しうる、という認識としてのそれである。そうした〝客観〟の確実さ・広大さにおいて、意味と現実を見いださないかぎり、その「目覚め」は達成されないということである。独歩の作品群を貫く著しい特徴である、レンズを遠くひいて遠景ショットで覗かれたような趣向のゆえんであり、それが彼の世界認識の、一貫した基本構図であった。

このような構図に、「神」の目、「霊」の目の命がふきこまれることをひたすら願ったが、しかしそれは、ついぞかなうことはなかった。「主観の信仰の火に燃ゆる時は兎も角、客観して此の「吾」を思ふ時に於ては無限の愁哀を感ぜずんばあらず」という、主観と客観の連絡なき分裂になすすべもなく手をこまねくばかりであった。「客観」とは、いわばこうした認識構図の命なき形骸であろう。「神」不在の「神」の目である。「約束」なしに、ただ世界が一望されてしまう認識である。

夢幻観の第三としてあげた有限卑小のニヒリズムが、こうした「神」不在、「約束」不在の認識としての「客観」にもたらされていることはもはや縷言するまでもあるまい。どこまでも無限無窮に目を馳せながら、しかもそのはてしない流れのなかに、自己の微少な存在が有機的に刻みこまれているとは思えないとき、自己にまつわるあらゆる事象が空無化されてくるように感じられる。

ところで夢幻観の第二は、この世の曖昧・不透明というところにあり、そこでは不透明な膜を打ち破ることそれ自体が望まれていた。そこで見いだされる世界は、かならずしも「約束」の貫徹する世界でなくともよかった。たとえその「目覚め」の「結果がビフテキ主義（現実主義）とならうが、馬鈴薯（じゃがいも）主義（理想主義）とならうが、将（は）た厭世の徒となつて此の生命を詛（のろ）はふが、決して頓着しない」（「牛肉と馬鈴薯」）、いずれになろうとも、まずはこの曖昧・朦朧とした状態を脱して「此の宇宙人生の有のまゝの恐ろしき事実に痛感」したいという願いであった。

しかし、その「痛感」したいという「有のまゝの恐ろしき事実」とは、いったいいかなる「事実」なのだろうか。たとえば、「吾が思想感情の現状を有のまゝに客観せしめよ」（26・4・24、傍点原文）といった言い方からすれば、その「有のまゝの恐ろしき事実」に「客観」の捉える「事実」を予想することはしごく当然のことだろう。

「光なき処に光を求めんより、暗黒世界に暗黒を視るの更に真実に如かず」（28・7・13）

と語るときの、その「真実」である。もし天地自然が「冷然たる無窮唯物の変化盲動に過ぎ」(27・6・11)ないとすれば、それをそれとして認める「事実」である。それがこうした「事実」を指すとするならば、それはそれとして、少なくとも曖昧・朦朧ならざる「事実」認識として見切り見据えるという、(別種の)「目覚め」も十分に予想される。

しかしじつは、その「痛感」したいと願った「有のまゝの恐ろしき事実」とは、ついにそうした「事実」ではない。同じ「痛感」願望を彼はこうも語っている。

> 曰く宇宙人生の不可思議に向て我心霊の慄き醒めんこと、これ我願なり。情熱と陳腐とにより成立する盲膜を取去て面と面と直ちに此の天地に対せんこと之れ我願なり。
>
> (「我が願」)

ここでは、さきの「宇宙人生の有のまゝの恐ろしき事実」は「宇宙人生の不可思議」と言い換えられている。つまり、「恐ろしき事実」を「痛感」するとは、どこまでもそこでの「不可思議」さを「痛感」するということである。「宇宙人生の不可思議」さとは、今ここにある自己が、この無窮の――それがたとえ「無窮唯物の変化盲動」であろうとも――宇宙に存在しそしてやがて消滅していくこと、そうしたことの「不可思議」さであり、それを「痛感」したいというのである。

とすれば、つまるところこの「痛感」願望も、さきに見た本来世界へのそれとさして異なるものではない。さきの場合、その「不可思議」さを「不可思議霊妙」(26・11・6)、「深幽にして神聖なる法則」として「驚異」・驚讃 wonderful しようとしたのに対して、ここではその「不可思議」さをまさに戦慄・震撼 fearful すべき「不可思議」さとして感受しようとしたのである。

後者は前者に先立つもの、と独歩には考えられているが、実質的に両者は一つの事態の表裏にすぎない。光のないところに闇はない。「宇宙人生の有のまゝの恐ろしき事実に痛感せんこと」とは、再度引いておけば、「信仰なくんば片時たりとも安ずる能はざる程に此の宇宙人生の有のまゝの恐ろしき事実に痛感せんこと」なのである。

「天地それ冷然たる無窮唯物の変化盲動に過ぎざるか。天地それ霊心霊神の統治のもとに在りて人類は此の空に愛着せらるゝものか。二者其の一のみ」(27・6・11)――。独歩には、その二者択一のいずれをも選び取ることはできない。かくして彼にとってこの現実は、何ら「不可思議」さを惹起しない、いわば白茶けた陳腐な世界となってこざるをえないのである。

僕等は生れて此天地の間に来る、無我無心の小児の時から種々な事に出遇ふ、毎日太陽を見る、毎夜星を仰ぐ、是に於てか此不可思議なる天地も一向不可思議でなくなる。

生も死も、宇宙万般の現象も尋常茶番となつて了ふ。哲学で候ふの科学で御座るのと言つて、自分は天地の外に立て居るかの態度を以て此宇宙を取扱ふ。（「牛肉と馬鈴薯」）

いわば「客観」の詐術ともいうべき要請に、いたずらに「天地の外」に引き出された目には、みずから存在の「不可思議」さはついに感受しえない。そこでは「驚異」のないままに、あらゆる事象が「尋常茶番」に弛緩されてしまうのである。(9)「「近代の妄想」とは要するに人類的客観の幻なり」（27・6・8）とは、独歩の近代批判の要点の一つであったが、その、みずからいうところの「近代の妄想」から、彼自身どうあっても踏み出すことができなかったのである。

ところで、そうした、遠く天上に引き出された目に捉えられる自己とは、次のような存在としての自己である。

世間に於ける自己ではない、利害得喪、是非善悪の為めに心を悩ます自己ではない。文学とか宗教とか政治とか、また倫理とかいふ題目に思ひを焦がす自己ではない、又た親子の愛、男女の恋に熱き涙を流す自己でもない。たゞ夫れ一個の生物たる我の存在、此の宇宙に於ける存在……。（「悪霊」）

むろん本来であれば、このような自己がそれとして確立したさきでこそ、他者や世界とのつながりは実現されるべきものと、独歩には期待されていた。しかし、ついぞ、それがなしえない自己に、その代償として残されてくるのは、「世間」「利害得喪」「是非善悪」「宗教」「倫理」「親子の愛」「男女の恋」……、それらすべてのものをも天上からひとしなみに漂白させられ、またそれらとの本来あったであろうつながりを生きえないという、さびしい自己認識である。

> 自ら苦しむのみにして、来て我が精神に同情を表する者もなく、進んで此の熱情をもらすに適する友もなきを思ひ、無辺の天地只だ一個の吾が孤影悄々たるを想像し来れば、冷かなる涙の瘦頰に流るゝを止むる能はざりし。（26・8・21）

くりかえし確認しておけば、その涙は、「要するに、悉逝けるなり！／在らず、彼等は在らず」と叫んだ独歩晩年の涙でもある。

四　「小民共感」の文学の可能性

さて以上、独歩の夢幻観をめぐって、またそこから「目覚め」るべくこころみた諸試行を実践・認識両面から見てきたのであるが、結果として浮かびあがってきたのは、すべてにこと敗れた「孤影悄々」たる独歩像であった。それはむろん、ことさらにつくりあげた虚像ではないが、夢幻観をめぐって見えてきた、あくまでひとつの独歩像である。
それは、いわば近代の負の部分を背負った知識人・独歩の側面であるが、彼には、これまであえてふれて来なかった、いわゆる「小民共感」の文学者としての側面がある。最後に、その点についてすこしふれておこう。「小民共感」について独歩はこう述べている。

鳴呼愛すべき同胞よ。山に生れて山に死し、野に生れて野に死し、村に生れて村に死し、生れて河に牛を洗ひ、死して岸に葬らる、吾が同胞よ！　バアニチーに苦しみたる心を転じ静かに御身が一生を思ふ時は、始めて人生の真面目なる楽を悟る也。深き意味を感ずる也。（26・11・12）

ここで彼は、虚栄・虚偽・妄想のうずまくこの世にあって、天地・自然の懐中に「小」なるままに生きる「小民」の生に、「人生の真面目なる楽」「深き意味」なるものを見いだしている。天地無窮との何らかの連なりを感じとっているのである。「浮世に住みて「現在」を「永久」に感ずる人々の生活」（27・4・4）が、そこにはあるように思えたのである。

茲には日月真に長し。否、茲に住む人はタイムを感ずること少なし。たゞ夕陽静かなり。……此の別天地は吾よりして別天地のみ。普通の状態中には、其の実宗教的、哲理的煩悶もあることなし。たゞ夫れ日々夜々生活を続けて生命に駆られつ生命を駆りつす。夕陽のうち、嘆声長し。祭日笑声高し。池辺の蓮花、朝な々々開く。……（27・8・7、傍点原文）

「日々夜々生活を続け」ながら、「宗教的、哲理的煩悶」におちいることも、「タイム」に疎外されることもなく天地無窮を呼吸しうる「普通」の人々。彼らには、「夕陽」「嘆声」「笑声」「池辺の蓮」……も、ひとつひとつ彩りをもって生きられている。「彼等は心から楽しみて盆踊りを待ち、而して思ふ存分にこれを楽しく経過」（同8・17）することができる——。

しかし、「吾は然らず。吾に楽しみあることなし。夏日、楽しい哉。されど彼等は無意識の中に之を楽しめども、吾は何もかも思考になげこむ。……吾は、嗚呼吾は断じて幸福ならず。見よ、茲に其処に愚なる学の小児あり」（同）。独歩は、彼らにふれて、「宗教的、哲理的煩悶」に悩む自己のあり方を痛切に省みざるをえない。そして、むしろそちらにこそ、さきに見たのとは異なる〝本来〟の人間のあり方を見ようとしたのである。

「人類真の歴史は山林海浜の小民に問へ、哲学史と文学史と政権史と文明史の外に小民史を加へよ」(26・3・20)――とりわけ初期の、あの哀しく美しく静謐な作品群は、そうした「小民」に問い、あたうかぎり彼らに身を寄せ、彼らを「吾ならぬ他の吾」(27・7・18)と把握しえたところではじめて生みだされたものであった。

しかし、にもかかわらず結局独歩は、そこに身を寄せ続けることはできなかった。かぎりなく彼らにあこがれつつも、自分がどうしても摑みたかった「要するに」の答えはおろか、それを問うことすらしない彼らの安穏な生活に、結局は「希望なき安心の遅鈍なる生活」(「河霧」)といったものをかぎつけてしまうからである。

つまるところ「智識の子(インテリゲンチャ)」独歩に、その「智識」(近代)を放棄するがごとき生活は耐えられなかったということである。やがて独歩はそこから離れてしまうのであるが、たとえそうであったにせよ、彼が「小民」というあり方に、別種の、〝本来〟を感取しようとしたことは事実であり、それは、やがて「抒情詩」グループの友人であった柳田国男の「常民」思想へとゆたかにつながっていくものでもあった。そこに、「孤影悄々」でない独歩像を抽き出すことは十分可能なのである。(10)

以上、独歩の二つの像を簡単にまとめておくと、まずは彼は、不透明にして非本来、すべてを空無化するがごときこの世を夢と感じ、そこから「目覚め」ることをひたすら願った。自己自身が「宇宙的理想的」に確立することのさきに、他者や世界との本来的なつながりが獲得できると期待されたのである。

それは、地上的な夾雑物(「膜(まく)」)を振り払って垂直に宇宙の「外」に飛びだし、そこから一挙に世界を捉えようとする「大主観」(〝客観〟)の認識として要請されていた。しかし、そこに「神」の視力をふきこみえなかったその目は、結果として、自己をふくめてあらゆるものを漂白する冷たい「客観」の目となって残った。

これに対して「小民共感」の文学者としての独歩は、自己自身と「宇宙的理想的」に確立しようとするのではなく、むしろ天地宇宙のなかで「小」なる存在としてそれに抱かれて生きる「小民」のあり方に共感し、そこに天地無窮に連なる人生の意味、人と人とのつながりといったものを見いだそうとしていた。

以上見てきた二つの独歩像から、そのせめぎあいのうちに指し示されてくる方向性・可能性の要点を箇条書きにしておこう。

○本来的な自己を自立させ、そのさきに他者や世界とのつながりを「本来」にするのではなく、先行する他者や世界とのつながりのなかで、〝本来〟(充実・充全)的な自己やつながりを模索・形成すること。

○それは、認識の問題としていえば、独立主体からではなく、他者や世界とのやりとりのうちでの認識論の要請であり、さらには宇宙の「外」からそれを「包懐」するのではなく、宇宙の「内」でそれに包懐されていることを感受する認識論の要請となる。

○しかし、なお認識が何らかの「外」を必要とすれば、宇宙垂直の「外」に代わる視軸の設定がなされるべきである。独歩いうところの、「人類真の歴史は山林海浜の小民に問へ」の方法。たとえば、前章で見た「古学」的な営み、また次章で見る柳田学では、それは「古」に拠ることを介してなされている。自然、「おのずから」の感取・随順には、直接ではなく、かならずや何らかの媒介契機が求められている。

○世界把握における「結論」の保留ないし断念。「結論」のない曖昧さに耐えること。[11]「悉(みな)逝(ゆ)けるなり」は、「要するに」と「結論」を性急に問うところに生まれた。

○超越（絶対・真実・意味）して内在（相対・虚偽・無意味）へ、ではなく、後者において前者にふれていくこと、見いだすこと、またつくること。いわゆる還相は往相のうちにのみ存在する。

近代人・独歩の〝悪戦苦闘〟からわれわれの学ぶべき点はおよそ以上であるが、しかし独歩自身がそうであったように、われわれとて容易に軌道修正しうるものではない。また安直にするものでもない。独歩は「小民」世界に疎外されたとき、みずからを「愚かなる学の小児」と自責した。「何もかも思考の中になげこむ」者の不幸を嘆いていた。だが、むろんその反省は、けっして「学」および「思考」の放棄に求められるべきではない。「学」が「愚か」なのではなく、あくまでも「愚か」な「学」が「愚か」なのである。「愚か」ならざる「学」が求められなければならない。

夢から覚めることにあがいていた独歩の、そうしたあがきこそ夢、と、文学を捨て農政学・民俗学へと軌道を変えた友人・柳田国男の「学」もまたそのひとつである。柳田の場合、夢から覚めんとするあがきは夢、とは、この世は夢だということを意味しないが、「学」によってはこの世は夢と見切りをつける立場もありうることは十分に理解できる。しかしそれは、たんなる相対主義、不可知論のそれではない。それではそれは、すでにひとつの「結論」となる。柳田がみずからの「学」を、それが「提供せんとするものは結論ではない」と規定していた(『先祖の話』序文)[12]ことは、その点で興味深い。その可能性については、次章であらためて考えてみることにしよう。

第五章　「おのずから」の捜索

――柳田国男の「人生を自然の片端を観ずる練修」

人間関係の「自然」は本来いくらかの人工性を含み、むしろそれによつて共同体は自然な無意識を保ち得る。

――山崎正和

一　自然回帰の感傷主義

明治中期以後の、いわゆる浪漫主義・自然主義といわれる文学・思想運動は、それまでの古い封建的な制度や倫理を打ち破って、新しい近代自己を確立しようとしたが、そこでは、あらためて自己の、天地・自然への根拠づけが求められていた。

しかし、前章で国木田独歩に即してくわしく検討したように、その試みは、すでに不可解にして没交渉の天地・自然を前に、求めれば求めるほど、自己は他者や世界から離反し空転する、という背理が働いていた。そうしたなかで、その疎外された自己を一気に、天地・自然へと回帰・回収せしめようとする、より過激な営みが同運動において追求されるようになる。

たとえば、独歩の同時代・高山樗牛（一八七一―一九〇二）の、よく知られた「美的生活」論とは、まさにそうした主張であった。「美的生活」とは、「自然の本能に本づく」生活であり、それは「雲無心にして岬を出づるが如」く「麋鹿（鹿など、獣類）のおのづから渓水に就くが如」き、「生活其れ自体に於て既に絶対の価値を有す」という、〝絶対〟生活の主張である。そしてそれは、そのまま「吾人は須く現代を超越すべし」と、声高に宣した「超越」のあり方でもあった。

> 吾人は須く現代を超越せざるべからず。斯くて一切の学智と道徳とを離れ、生れながらの小児の心を以て一切を観察せざるべからず。嗚呼小児の心乎。小児の心乎。玲瓏玉の如く、透徹水の如く、名聞を求めず、利養を願はず、形式、方便、習慣に充ち満てる一切現世の桎梏を離れ、あらゆる人為の道徳学智の緊縛に累はれず、たゞたゞ本然の至性を披いて天真の流露に任すもの、嗚呼独り夫れ小児の心乎。[1]（「無題録」）

ここでの「小児の心」とは、「麋鹿のおのづから渓水に就くが如」く、と同様の、「天真の流露に任す」といった自然、「おのづから」そのものの体現である。それは、日常現実の「一切現世の桎梏」「あらゆる人為の道徳学智の緊縛」といった相対モメントをことごとく切り落とした、いわば〝絶対〟自己の希求であった。「歴史無く、道徳無く、真理無く、社会無く、国家無く、唯個人各自の「我」あるを認むる」（「文明批評家としての文学者」）といった、「極端にして、而かも最も純粋なる個人主義」としての自己希求であった。(2)

このように極度に理念的・抽象的な絶対自己は、けっして現実化することはありえない。

> あゝ哲学が何だ！　知識が何だ！　是の憂き世の苦を脱る、の道は三つしかない、曰く、Long love, early death, or madness!! Ah my friend, which shall I choose?
>
> （「姉崎正治宛書簡」）

このような絶対自己の希求は、もしありうるとすれば、このような、いわば自己撥無においてのみであろう。death や madness はいうにおよばず、love もまた「あゝ自己の生命を撥無することの出来る愛が此世にあり得るならば！」（同）と願われたところのものである。それはすでに、自己確立ではなく自己破砕願望というべきであろう。その自然回帰の〝絶対〟生活は、ひたすら願われるのみであって、「嗚呼……乎」「あゝ……！」といった、これらの文体に顕著なように、その訴えの、現実には無力の感傷にならざるをえなかったゆえんである。

そこには「熱烈はあっても堅実は乏しかった、奔放はあっても鍛錬がなかった」（安倍能成「自己の問題として見たる自然主義思想(3)」)という言い方もできる。「堅実」とは、自己の現におかれている日常・現実をそれとして見据えることであり、「鍛錬」とは、そのうえで要請されるべき何らかの手だてを設定・行使することである。

つまり、新しい自己の定立を志向しようとするにおいては、簡単に切り捨てられた「形式、方便、習慣……あらゆる人為の道徳学智の緊縛」といった相対的媒介を、何らかのかたちで位置づけ直すことが求められる。すなわち、こうした、いわば樗牛的「超越」の自覚的断念のさきにしか、その失われた自己の定立はありえないのであり、現実もまた、それとして定位されないのである。この点については、前章で、独歩において確認したところでもあった。

二 「人生を自然の片端を観ずる練修」

さて、このような傾向は、透谷から、樗牛・独歩そして田山花袋らへと、初期浪漫派から後期自然主義にいたるまで、程度に濃淡はあれ、つねに何ほどかは見いだされるものであったが、むろんそれに批判的な思想がなかったわけではない。たとえば、独歩・花袋らと親しい友人であった柳田国男（一八七五―一九六二）は、最初彼らと文学活動をともにしているが、やがて彼らを批判し、彼らとは異なる独自な仕方で自然、「おのずから」へと向かっている。そこで以下、簡単に、こうした柳田の自然の考え方について、その基本姿勢をうかがっておこう。

戦後になっての文章であるが、柳田は「近頃やゝ久しい間、人生を自然の現象の片端と観ずる練修を、我々が怠つて居た」と、それに続けて次のように語っている。

> 如何（いか）なる生活が自然のまゝ、おのづからなる在り方といふべきかについては、をかしい程さま〴〵な考へ様が今まではあつて、それを一つに決するのが煩（わずら）はしさに、寧（むし）ろ我々はこの問題を避けようともして居た。しかし静かに見て来ると、自然そのものも亦成長して居る。時と内外の力のかねあひに由つて、変るべきものは変らずには居なかつた。強（し）ひて其以前の状態に復（かえ）らうとすることが、自然の道で無いことは是だけでもわかるのである。境涯経歴の全く異なるものゝ中に、手本の無いことも始めから知れて居る。何が我々のおのづからであつたかといふことは、やはり辛苦（しんく）して是から捜（さが）し出すの外は無いやうである。（『婚姻の話』）(4)

ここで柳田は、「如何なる生活が自然のまゝ、おのづからなる在り方といふべきか」「何が我々のおのづからであつたか」について問い、それは「やはり辛苦して是から捜し出すの外は無い」ものとしている。またそこに、一義的な「手本の無いことも始めから知れて居る」ともいう。自然の何たるかを未定とする、こうした姿勢自体に、自然をかくなるものと決めつけそこへとひたすら参入しようとした樗牛らの発想と異なることを予想させるが、ただ少なくともこの文章でも、その自然、「おのづから」とは、あくまでも「生活」の自然さであり、人間事象に限定された「おのづからの在り方」を指しているということは確認できる。

それは、草木鳥獣が「おのづから」であるような、いわゆる〝自然〟の「おのづから」性のことではない。「自然そのものも亦成長して居る。時と内外の力のかねあひに由つて、変るべきものは変らずには居なかつた」云々といった、歴史の加味された自然理解もそこに生まれてくる。そこでは、歴史ぬきの、単純な自然回帰は否定されざるをえない（「強ひて其以前の状態に復らうとすることが、自然の道で無い」）。

とはいえ、むろん、なおその自然・「おのづからの在り方」は、いわゆる〝自然〟の自然性と無関係ではありえない。さきの、「人生を自然の現象の片端と観ずる練修を、我々が怠つて居た」というときの「自然」は、むしろその意味における〝自然〟である。じつは、同じ自然という言葉を使うかぎり、こうした混用はどこまでも避けられないのであるが、この間の微妙な消息については、同じ『婚姻の話』にこう述べられている。

私は其の伐採の一つの上に立つて、北西一帯の山腹を見おろすと、そこは一面の杉の林に覆はれ、それも悉く立派な大木であつた。穂先枝振りに些かの衰老の兆も無く、整然として末遠く列立する有様は、人が計画して植林をしても、中々斯うまではなるまいと思ふやうであつた。さうして此の中には一本の変り種も無く、悉く頂上の老樹の児孫であることは疑ひが無かつた。自然の絶大なる意図にまかせ切つて、人間の作為を塵ばかりも加へずとも、なほ斯くまでの壮観を見ることを得た時代が曾ては有り、又現に其の事業の蹟は、まざまざと保存せられて居たのである。能ふべくんば是を今一度、吾人の努力と誠実とによつて、再現して見たいと切望する者が有つても、それも亦少しも不自然なことではない。ただ果して可能であるか否かが、又新たなる一つの問題であつて、文化進展の理法を明らかにする学問が、もう少しは成長しないと何とも断言し難いが、悲しいかな最近百年足らずの我々の経験は、とても出来ないだらうといふ推定の方に、人を導いて行かうとして居るのである。仮にさうだときまつたとすれば、如何なる活き方又集り方が、一ばん多く同胞を楽しませ安んぜしめるであらうか。

ここには、一種の断念がある。この執拗な文体で語られていることは、「人間の作為を塵ばかりも加へず」に「自然の絶大なる意図にまかせ切」ることへの「切望」と、それは

「とても出来ないだらうといふ推定」である。その「推定」通り、「仮にさうだときまつたとすれば」、と、そこで問われてくるのが、「如何なる活き方又集り方が、一ばん多く同胞を楽しませ安んぜしめるであらうか」という問いなのである。

つまり、柳田のいう自然とは、かぎりなく〝自然〟を「切望」し、またそれへの志向を保持しながらも、なおそれとなりえないだろうことを断念し自覚したところでの「人間の作為」における自然である。家や村や共同体は、そうした自然に基づいているのであって、それはたんなる〝自然〟でも、またたんなる作為でもない、ある独自な人間的自然の「おのづからの在り方」なのである。

それゆえそのあり方は、その「源」としては「千古を貫通した我々の自然」でありながら、「変るべきものは変らずには居なかつた」という自然としても語られてくるのである（同）。こうしたことは、人間的自然として、当たり前といえばまさに当たり前のことではあるが、しかしその当たり前と概括してしまう中味の微妙な自覚の僅差が、結果として大きな開きを生んでくるのである。[5]

くりかえし確認しておけば、柳田の自然、「おのづから」は、人間が他者とともに生きてきた社会の「活き方又集り方」におけるそれであり、そうした世間的・社会的に「やさしい束縛」を持っている状態こそが自然であった。[6] それは、まったき〝自然〟回帰を企てるのでもなければ、かといってまた、けっしてたんなる〝自然〟放棄を目指すものでもなかった。それはいうなれば、〝自然〟回帰の不可能なことの断念にたちながら、なおそこへのベクトルを保持しつつも、「人間の作為」や歴史＝「古」の契機を十分にふまえた人間的自然としての自然を目指すものであった。「如何なる生活が自然のまゝ、おのづからなる在り方といふべきか」「何が我々のおのづからであつたか」という、柳田の問いは、そこから発せられているのである。それは、すぐれて人間と〝自然〟との「あわい」への問いである。その答えは、彼自身も保留しているように、「やはり辛苦して是から捜し出すの外は無い」ところのものである。「おのづからなる在り方」とは何かを「辛苦」して求めるという、この逆説めいた営みこそが柳田のいわゆる「学」であった。そしてその捜索は、人々の生きてきた歴史の堆積に向けられたのである。

三　「離陸の思想と着陸の思想」

さて、以上のような自然回帰や「捜し出す」というあり方に関連して、見田宗介に、（現代思想を論じたものであるが）「離陸の思想と着陸の思想」という次のような指摘がある。

虚構のかなたに自然性の〈真実〉などは存在しないのだという「現代哲学」の認識に立って、虚構をみずからの存在の技法とするか。虚構のかなたに自然性の〈真実〉が存在するのだという、時代をこえた生活者の直感に立って、シンプルな自然性の大地に根ざすことをめざすか。それらは現代の思想の二つの前線であると同時に、またわたしたちの日々の生き方としての解放の、当面は異質な二つのスタイルとして存在している。離陸の思想と着陸の思想。時代をその先端に向けて駆けぬけてゆくか。時代をその基底に向けて降り立ってゆくか。

（『現代日本の思想と感覚』、傍点原文）[7]

ここに前提されているのは、〝陸〟に喩えられる「自然性の真実」「自然性の大地」である。そうしたものを、どう捉えてどう対処するのか、といった違いが、現代思想の方向、現代の生き方の解放の方向の違いとして現れているというのである。

それはかならずしも現代にかぎらず、これまでに見てきたように、日本人の思想・生活においては、その根幹に関わる事柄であるが、いずれのベクトルをとるにしても、〝陸〟という「自然性の真実」「自然性の大地」のパースペクティブをぬきにして「離陸」も「着陸」もありえないことはいうまでもない。正反対に見える、この両方向が、「当面は異質」であるとするところに、つまり最終的には「異質」ならざるものとするところに、見田の（ここではかならずしも明確には述べられていない）大事な論点があるように思われるが、それも今柳田において見てきたことと無関係ではないだろう。

われわれは、全的な「着陸」も、また全的な「離陸」もけっしてなしえない。できることは、「当面」の「スタイル」としていずれを選ぶかということでしかない。どちらを選ぼうとも、そのさきに真の「生き方の解放」があるとすれば、そこではかならずや「離陸」の自由さをともに味わいうる「着陸」か、あるいは「着陸」の落ち着きをともに味わいうる「離陸」が実現しているはずだというのである。

ところで、見田は同論文において、以上のことを具体的に、現代における愛や家庭のあり方として次のように論じている。

――今日的な愛や家庭のあり方には、二つの異なった様相がある。ひとつは、時代をこえてシンプルに前向きなもの、真面目に真剣に「自然性の真実」を求め、それに根ざした愛や家庭を願うあり方であり、もうひとつは、より現代的な虚構社会における愛や家庭の作法として、自覚的な言葉、自覚的な演技によってしか維持されないと考えるあり方、である。「着陸」しようとする愛と「離陸」しようとする愛と、今われわれは「当面は異質な二つの解放の方向」をそこに見いだすことができる、と。

近代、現代日本での、こうした愛や家庭のあり方については、別のところでくわしく論じたことがある[8]ので、ここでは、とりわけ「自然性の真実」なるものとの関わりに限定して、夏目漱石（一八六七―一九一六）、森鷗外（一八六二―一九二二）といった二大文豪について、その対照的な愛や家庭のあり方についてざっと見ておくことにしよう。

四 「則天去私」への希求

「今日始めて自然の昔に帰るんだ」と胸の中で云つた。かう云ひ得た時、彼は年頃にない安慰を総身に覚えた。（『それから』）[9]

……私は屹度良心の命令に従つて、其場で彼に謝罪したらうと思ひます。然し奥には人がゐます。私の自然はすぐ其所で食ひ留められてしまつたのです。（『こころ』）

夏目漱石もまた、その人生や文学の根底に一貫して自然（あるいは天）という概念を置いた文学者であった。本来あるべきであった愛に戻ることは、「自然の昔に帰る」ことであり、「良心の命令に従」うことは、「内なる自然に従う」ことと受けとめられていた。その意味で漱石は、より「着陸」型に属する文学者ということができるだろう。

『行人』の一郎は、何より「自然を尊む人」であり、「天然のま丶の心を天然のま丶」に生きることを願いながら、そうありえない近代社会において「二六時中不安に追ひ懸けられてゐる」。その願いは、愛や家庭の人間関係としては「絶対の誠」の要求となり、具体的には、妻・お直の心の真実、「所謂スピリット」の「ありていの本当」を摑み、彼女との絶対的融合を願うこととなる。(10) しかしそうした願いは果たされることはない。そしてついには

「死ぬか、気が違ふか、夫れでなければ宗教に入るか。僕の前途にはこの三つのものしかない」……「然し宗教には何うも這入れさうもない。死ぬのも未練に食ひ留められさうだ。なればまあ気違だな。……もう既に何うかなつてゐるんぢやないかしら。僕は怖くて堪まらない」。（『行人』）

というところまで追いつめられている。漱石その人はそのまま一郎ではないが、このような狂気は漱石文学においては、つねに何ほどかは底流しているものだろう。そこには、さきに見た樗牛の「Long love, early death, or madness...」云々と似た精神情況をうかがうことができる。

あるいは、『それから』の代助の「なぜもつと早く帰る事が出来なかつたのかと思つた。始めからなぜ自然に抵抗したのかと思つた。彼は雨の中に、百合の中に、再現の昔の中に、純一無雑に平和な生命を見出した。その生命の裏にも表にも、欲得はなかつた、利害はなかつた、自己を圧迫する道徳はなかつた。雲のやうな自由と、水の如き自然とがあつた」

といった心境でもそうであるが、このかぎりでそれは、「雲無心にして岫を出づるが如く「麋鹿（びろく）のおのづから渓水に就くが如」き「美的生活」論の主張とほぼ同じであろう。

しかしそれは、漱石自身が、こうしたことを樗牛のように無自覚にまた非現実（センチメンタル）に訴えたということではない。『それから』は、最後、勘当され仕事を探しに飛び出した代助が、「自分の頭が焼け尽きるまで電車に乗つて行かうと決心した」という文で閉じられているように、作者・漱石には、その希求の、現実社会での敗北が必至であることは十分自覚されている。一郎の言をまつまでもなく、「自然に帰る」ことは、この社会においてはつねにある種の狂気なのであり、そのことを十分承知しながら、なおも晩年にいたるまで漱石は、それをとぎれることなく希求し続けているのである。

山崎正和は、漱石の『道草』の、ある登場人物について、次のように評している。

> 人間相互のあひだには「隠さず云へ」る最終の真情といふものがあり、それは言葉で確認し得るものだといふ、素朴な自然主義だつたといへる。そして、人間心理についてのこの無邪気な自然主義は、近代の写実文学の作者はもとより、たがひに愛の「真実」を求める無数の青年男女を脅迫して来た観念なのである。……人間関係の「自然」は本来いくらかの人工性を含み、むしろそれによつて共同体は自然な無意識を保ち得る、といふことを忘れたことであつた。その人工性とは、家庭の場合「しきたり」とか習慣と

か呼ばれるものであり、現実には朝夕の礼儀や作法となつて現はれるものである。……いはば、それは家庭のなかに持ちこまれた最小限の「公」の場所であり、家族はこの場所に立つことによつて自分の感情にスタイルをあたへることができる。

(『不機嫌の時代』(11))

ここには、「人間関係の「自然」」のはらむ、ある大事な問題点が言い当てられている。むろんここで問われているのは一郎的人物とはかなり異なる人物(島田夫妻)であって、漱石にこうした「素朴な自然主義」はないが、ある絶対を目指して「自然性の真実」へと降り立とうとする「着陸」志向のはらむ問題として考えた場合、なおこの指摘は有効である。そしてそれは、誰より漱石自身が批判的に描いてみせた人物像であって、現実における「自然性の真実」の可能性の帰趨は、自覚的に(また苛立たしくでもあるが)見据えられている。晩年の「則天去私」という夢は、そのさきに語られてくるのである。

以上のような漱石の、いわば狂気じみた闘いは、いってみれば、自然(天)と現実(倫理・共同体)、自然(「則天去私」)と自己(「自己本位」)のそれぞれを安易に一つに重ねもしなければ、またまったく別のことも考えないところに、つまり、その微妙なせめぎ合い、まさに「あわい」において展開されたのであり、そこにこそ、漱石のゆたかな文学世界があるといっていい。その意味で漱石もまた、「何が我々のおのづから」を「辛苦して是から捜し出」そうとしていたということもできる。

五 「かのやうに」への断念

かのやうにがなくては、学問もなければ、芸術もない、宗教もない。人生のあらゆる価値のあるものは、かのやうにを中心にしてゐる。昔の人が人格のある単数の神や、複数の神の存在を信じて、その前に頭を屈めたやうに、僕はかのやうにの前に敬虔に頭を屈める。（森鷗外「かのやうに」[12]）

医者であり科学者でもあった森鷗外は、「exact な学問といふことを性命にしてゐるのに何となく心の飢えを感じて……生といふものを考へ」（『妄想』）ようとして文学者となった。しかし、その志向は「自然性の真実」なるものにストレートに向かう質のものではなかった。その態度は、この、いわゆる「かのやうに」の哲学によく表れている。それは、ある大事な価値が絶対的な「自然性の真実」であるか否かは保留して、あえてそうしたものである「かのやうに」考えるということである。

このような傾向は、すでにデビュー作『舞姫』からうかがうことができる。『舞姫』の主題は、舞姫エリスとの恋愛に生きようとする「まことの我」と、国や家の期待を一身に担っていかざるをえない「我ならぬ我」との対立・葛藤を描くところにあった。しかし主人公は、「まことの我」の正当性を十分認めながらも、それがもたらすであろう惨状をかんがみて、結局それを「我ならぬ我」の下に押し包んでしまうのである。

以上のような考え方は、鷗外が生涯にわたって説いた「諦念」Resignationという処世態度にもよく表れている。「諦め」とは本来「明らめ」であり、明らかに見てとったうえでの断念であるが、鷗外のそれは全的な「明らめ」ないし断念ではない。むしろ「明らめ」えないという「明らめ」であって、そこでは何より「自然性の真実」といったナイーブな直接把握への〝断念〟がふくまれている。「傍観者」「遊び」「役割」等々といった一連の姿勢も、すべてそうした〝断念〟でのものであった。このような考え方が、あらためて漱石と比べるまでもなく、より「離陸」型に分類できることはいうまでもないだろう。

漱石において、愛や家庭の人間関係が、「絶対の誠」や「ありていの本当」という他者との絶対的融合として願われたとすれば、鷗外においてそれは、「やさしさ」や「我慢」という、他者との、ある間接的な距離感を持ったものとして願われている。

日本人に独自な倫理である「やさしさ」(13)は、これまた日本人に独自な倫理である「誠」に比して、ある距離感覚を内包しているが、鷗外においてその点は際立っている。「鷗外はいつも異様なまでに優しく、克己的な表情で彼等にゆきとどいた庇護の手をさしのべている。……鷗外は心身ともに、家族の葛藤のなかに踏みとどまることによって文学を発見した作家であった[14]」。

鷗外の長女、森茉莉に、彼女が結婚した頃をさかいに変わってしまったという父・鷗外の「やさしさ」の変化について描いた「棘」という小品[15]がある。傍証的になるが、そこにこのような鷗外が活写されている。

だが或日の事、私は母と話している内に父との間にあった不思議な空気が、何であったかを知ることが出来た。私が寂しさを感じていた頃、母もそれを怪しんで父に訊ねたのだった。父は《おまりはもう珠樹君に懐かなくてはいけない。それは俺がそうしているのだ》と、答えた。父は故意と私を遠のけて、いたのだった。寂しさに耐えて、そうしていたのだ。父は自分の死が遠くないことも、考えていたのだろう。私を悲しませまい、出来るだけ知らせずにおこう、おまりを欧羅巴へ遣るのは誰の為にもいいのだと、そう父は考えたのだろう。父は夫の側に行きたい私の心と、夫が父に寄越した手紙とを見て、弱った体で人を訪い、反対した人々を説いてくれた。そうして停車場へ来て、もう生きて会われない娘を見て、寂しさを我慢したのだ。停車場で父を見た時に私を襲った不安は、それは父が感じていた父の「死」で、あった。父が感じていた私達の「永遠の別離」で、あった。私の稚い胸に突き入った、それは父の慟哭で、あった。

その「やさしさ」は、己れの真情を抑え、それに「耐え」「我慢」することでなされている。かつての「まりを何処へ伴れて行こうとか、まりに何を見せようとかいう、まりのことだけで、生きていたのだ」といった思いを抑え、「故意」と彼女を「遠のける」ところでなされたものであった。こうした意志・演技の営みが、さきの「かのやうに」「諦念」と同じ深い断念のうえでなされていることはいうまでもないだろう。

またそこには、そうすることが「誰の為にもいいのだ」と判断する、場全体（さらにはその外なる場、あるいは「公」にもつながる）への配慮が働いている。その相対（距離）感覚は総体感覚なのでもある。こうした「やさしさ」の演技性(16)は、たとえそれが、たとえばもう一人の娘に、「愛情のような雰囲気、それは父が一人で作って、一人で（自分も知らないで）あたりの妻や子供や家、本、空気にまで振り撒いていただけだ」（小堀杏奴『晩年の父』(17)）と評されようとも、そこでの「父」は己れを抑え演じることにおいてのみ「父」たりえるのである。

「我慢」また「やさしさ」ということは、何ものかを内に潜ませ抑えるということであって、けっしてそれを捨象することではない。「愛情のような雰囲気」とは、愛情、真情がなかったということではなく、それを抑えることによって「誰の為にもいい」こととして実現しようとした結果の、ある状態である。(18)

それは、さきの分類からいえば、まさに自覚的な言葉や自覚的な演技によってしか愛や家庭を維持できないと考える「離陸」型の思考ではあるが、大切なことは、そこでもけっして、〝陸〟の光景は見失われてはいないということである。それはただ潜ませられているだけである。

鷗外の「離陸」とは、「まことの我」の望みをむやみに追求して、いたずらに自己および現実を損なうのではなく、そうした自己の志向はそれとして自覚的に保持しつつ、そのうえで、いわば「我ならぬ我」を演じてみせる生き方のことであった。

それは自己確立でもないが、またむろん自己崩壊でもない。つねに次善ではあるが、それをきびしく覚悟することによって、次善でありつつ、しかも次善を超えようとした生き方であったというべきであろう。

第六章　近代自己から「おのずから」へ

——清沢満之の〈内〉への超越

信ずるが故に実なり。

——清沢満之

一　「煩悶現象」

明治初期の日本の近代化をリードした思想は、福沢諭吉らによって推し進められた啓蒙思想であった。その核心は、主体的で合理的な精神（science）の啓発にあったが、そこにはおよそ以下のような宇宙コスモロジーへの確信が前提とされていた。

——宇宙がどのようにできたかについての宇宙開闢（かいびゃく）の「議論は姑（しばら）く擱（さしお）」くにしても、それは、「其の美麗、其の広大、其の構造の緻密（ちみつ）微妙なる、其の約束の堅固不抜（ふばつ）なるに感心」已（や）む能わざる、「一定不変の規則を以て働く大機関」である、と。そして「宇宙の万有おの〳〵其処（そのところ）を得て無量円満ならざるものな」く、「人間も亦その機関中の一本の釘か又は鉄の一細分子に属し、共に全体の運転を與にし」ており、総体としてその働きは「人に可な」るものとしてあるがゆえに、「人間の進歩改良は天の約束に定ま」っている──、と(以上、引用は福沢『福翁百話』[1])。

人間が宇宙にぴったりと組み込まれている、こうしたコスモロジーの確信があるところでは、人はひたすらその、いわばメカニズムを捉えうる合理的な知を拡大させることによってみずからを「進歩改良」させ、そしてありうべきいつの日にかは、万有万般がその知によってすべて解明しうる「天人合体」の「黄金時代」を期すことができると信じられていた。つまりその知は、原理的には宇宙全体にいたるまで連続的に拡大・照射しうるものとして捉えられていたといっていい。

その思想の啓蒙(enlighten)思想たるゆえんであるが、しかし、こうしたいわば明るく透明なメカニズムは、外面的な西洋受容が一定の成果をおさめ、それがより内面に浸透し、それまでの和魂洋才といった折衷の受容パターンが崩れ始めると、一気に不透明な見通しのきかないものとなってくる。

> 人間とは苦しき者なる哉。此の不思議なる周囲と不測の法則とに支配せられ、而して自らの生存の意味を知る能はず。北斗燦爛たり。朝日輝々たり、白雲漠々たり、人事悠々たり、愛情脈々たり、生活擾々たり、五尺の身体厳然たり、無限の時間、空間の

無辺なるが如く然り。而して其の何の意たるを知らざる也。

（国木田独歩『欺かざるの記』）

悠々たる哉、天壌、遼々たる哉、古今、五尺の小を以て此大をはからんとす、ホレーショの哲学竟に何等のオーソリチィに価するものぞ。万有の真相は一言にして悉す。曰く「不可解」。我この恨を懐て煩悶終に死を決す……。

（藤村操「華厳壁頭の言」）

前章までに見てきたように、ここには、無窮の宇宙・自然が、すでに「其の構造の緻密微妙」「無量円満」の「大機関」ではなく、「不思議」「不可解」な何ものかでしかないこと、またそれゆえそれは、人がそれにポジティブには与りえない不透明な何ものかでしかないことが嘆ぜられている。いわゆる「煩悶現象」の現出である。それがこうした、いわばセンチメンタルな物言いになっていることはそれ自体問題であるが、「煩悶」とは言ってみれば、答えのない問いを問う精神の病いであり、それは藤村操ならずとも何ほどかは「死に至る病い」の脅迫であったこともまた事実である。

こうした「煩悶」の真っ只中にあって、それをみずからの状況としてそこにひとつの〝答え〟を提出しようとしたのが清沢満之（一八六三―一九〇三）であった。[2]

彼は、西洋哲学を本格的に学んだ哲学者として、また真宗の僧侶として、こうした「煩悶状況」に正面からとりくみ、そこにそれまでのように、単純に〈外〉へと超越するというのでなく（〈外〉が不透明になったからこそ「煩悶状況」になったのである）、以上のような近代経由の問いに見合った新しい超越のかたちを模索している。その宗教哲学には、ただ口先で〈外〉ないし〈上〉からの恩寵をふりまわす、何ら喚起力のない「御頂戴主義」的信仰とはまったく異なる〈信〉のあり方を見いだすことができる。

以下にくわしく見るように、それは、いうなれば〈内〉への〝超越〟、さらにいうなればあらたな〝内在〟可能性ともいうべきあり方として追求されたのであり、この現実世界の〈内〉に「如何なる所にも無限の妙致を発見して、到る所に充分なる満足を獲得すべき」（「精神主義（その一）」[3]）境涯といったものがめざされている。

それは、信仰者というよりも「キリで揉みこむような理詰めの追求のあげくに何らかの結論を得るにいたる体質」（司馬遼太郎『歴史と小説』[4]）を持つと評される思想家・清沢が、徹底した思索と修行と信仰のはてにつかんだ超越の思想であり、そこに近代日本の新しいかたちの哲学的思惟の出発を認めることができるように思う。

二 〈空想〉としての万物一体論

清沢満之の超越思想は、結論部分だけをいってしまえば、万物一体の真理は、……要するに、宇宙間に存在する千万無量の物体が、決して各個別々に独立自存するものにあらずして、互に相依り相待ちて、一組織体を成すものなることを表示するものなり。

（「精神主義（その二）」）

という万物一体・宇宙有機体説のコスモロジーに立つ、というものである。

説かれ方に変化はあるものの、主張の中味自体は生涯変わっていない（以下くわしく見るように、阿弥陀仏というのも、その宇宙の万物一体の働きに他ならず、清沢の「おのずから」とは、その万物一体の働きのことである）。しかしこれだけを見るならば、それは古来説き述べられてきた万物一体説とそう異なるものではないし、また同時代の有力な哲学思想として説かれていた井上哲次郎・加藤弘之・三宅雪嶺らの万物一体・有機体論とも分かつことはできない。

しかし、清沢のそれは次の一点で決定的にそれらのものとは袂を分かっている。つまり、それらがたとえば、「宇宙とは何ぞやとの問ひに対し、大なる有機体と答ふるに躊躇せざることゝ為らん。是れ唯だ一の比喩にあらず、全くの実事、全くの実物にして……」（三宅雪嶺『宇宙』[5]）云々と、科学的にも実証可能な、いわゆる客観的事実として説かれていた（すなわちそれは、基本的にはさきに見た福沢らのコスモロジーの延長であり、知のみで照射しうるいわば明るく透明なメカニズムである）のに対して、清沢のそれが文字通り「主観的事実」として主張されていたという点において、である。

精神主義に於いては、万物一体と申すは、精神の坐り様によりて、我等は万物一体と云ふ見地に住することが出来ると云ふので、換言すれば、精神主義は、万物一体と云ふことを、一の信念とすると云うても宜しい。故に万物を、科学的や哲学的に研究考究して、果して其が一体であるかなきか、客観的実在上に於いて、万物が果して一体であるや否やと云ふ様なことは、毫も精神主義の関与する所ではありませぬ。

（「精神主義（その二）」）

その立場が「精神主義」（あるいは「主観主義」「内観主義」）と名づけられているゆえんである。つまり、その「万物一体の真理」とは、「精神の坐り様によりて、我等は万物一体と云ふ見地に住することが出来る」という意味での「主観的真理」であり、それは、万物一体という〈信念〉とも〈理想〉とも、また〈希望〉あるいは〈空想〉とも言い換えられ主張されているものである。

彼の客観的の事物が、皆な共に大宇宙の働きであり、其の宇宙が即ち小宇宙〔としての我々の主観」なるが故に、彼の客観的事物の障礙の如く見ゆるものも、畢竟ずるに、我が想像で我が心を苦しむると同様である。然れば、外物が我を障礙するのは、我が妄想が我を苦しむると同じでありますから、我が自ら妄想の為に迷はされざる様になれば、同じ方法によりて、外物の障礙をも障礙とは思はぬ様になれる訳であります。此の事の実際に出来ないのは、つまり大宇宙即小宇宙と云ふことが、常に心頭にないからである。
（「精神講話」）

「彼の大宇宙が、即ち小宇宙であるといふことの如きは、頗る根本的の空想である」（同）が、この〈空想〉においてのみわれわれは、この現実世界のいかなる「障礙をも障礙とは思はぬ様になれる」というのである。哲学者であると同時に真宗の僧侶でもあった清沢には、むろん、信はその最重要課題であったが、「宗教上の信仰と云ふも、亦た空想を確立するの外は」（同）ないというのである。さきの「万物一体と云ふことを、一の信念とする」とはこの意味であった。

主観的にラディカルなこのような発想は、たとえば、次のような文には、より明確に、より過激に述べられている。

私どもは神仏が存在するが故に神仏を信ずるのではない。私どもが神仏を信ずるが故に、私どもに対して神仏が存在するのである。(「宗教は主観的事実なり」)

信ずるといへば、主観的で我の方に眼を着けて云ふのである。我が方のみのおもはくであつて、それが彼の方即ち客観上とか事実上とかでは、どうあらうと、それは頓着しないのである。(「我以外の物事を当てにせぬこと」)

きわめて主観的・能動的な修養論である「精神主義」がそこに展開されてくる。〈信〉とは、「相対が絶対に入り有限が無限に合する」(「精神主義(その一)」)といったことが可能になる事態であるが、それを、このように、どこまでも自己の主観〈内〉にうち立てようとする考え方に、清沢の、否応ない〝近代〟を指摘することができる。[6]

それは、〈外〉なる何ものかを先立たせ、ひたすらそれとの関わりで「超越」を求めるといった従来のあり方と異なることはいうまでもないが、しかしそれはかならずしも理解しやすいものではない。つまりそれは、ややもすれば妄想、ないし自己欺瞞に紙一重の考え方といわざるをえないところがあるし、何よりそれは、清沢の、「キリで揉みこむような理詰めの追求のあげくに何らかの結論を得るにいたる体質」とはすんなりとつながりえないように見えるからである。

しかし、こうした問いを問うところにこそ、清沢の思想を理解するもっとも肝要なポイントがあるように思う。そこで以下、その点にしぼって考えてみることにしよう。

三 不如意な「外物」

まず清沢によれば、以上のような考え方は、それともっとも混同されやすい「唯心論」ではないと、次のように説く。

――「唯心論は宇宙万有を以て、直ちに之を心的現象となし、所謂物質なるものも、亦た是れ心的現象にして独立存在のものにあらず」と説くが、「精神主義」はそれと違って、「我と万物、主観と客観との対立を基本として、其の上に於ける実際に就きて、主観的精神の内に、満足と自由との存し得べきことを宣揚する」ものである（「精神主義（その二）」）、と。

あるいは、「主観主義と云ふは、勿論内外並べ認め、主客並べ立つる上に於いて、只だ外界の観察、客観の事物に主眼を置かずして、内界の観想、主観の見地に枢機を定むるものに過ぎずして、決して外界を破却し、客観を排斥するものではありませぬ」（同）、と。

つまりそれは、主観・内観に「枢機を定むるもの」ではあるが、けっして客観を、ましてや外界の実在・事象――清沢はそれを「外物」と総称する――を否定するものではないということである。というよりむしろ、その「精神主義」は、さまざまに不如意な「外物」としての現実、――彼自身に即していえば、死病（結核）に冒され、妻や子を失い、さらには心血を注いだ新設真宗大学からも拒絶されるという、まさに如何ともしがたい不如意な現実を前提として、そこに生きることにおいてこそ求められた必死の思想信条なのである。主観・内観に「枢機を定むるもの」とは、次のような認識論に基づいている。

> 実験観察に基きて知識を構成せんには、先づ内観と外観との関係を弁知し、内観の模様如何によりて、外観の性相頗る不同あるべきが故に、外観の事に従はんとせば、常に其の内観に対する関係を憶念して、単に外観のみによりて得たる知識は、全く相対的のものにして、決して絶対的の真理にあらざることを忘るべからざるなり。
>
> （「精神主義（その二）」）

つまり簡単にいえば、世界は精神・内観のあり方如何によって変わるものだ、だからその精神を「坐」らせさえすれば、世界はあるまとまりをもってくる、というのである。外観・客観という見方に従うかぎり、「無限無数の外物交々来りて前に現」じ「吾人の欲望は、彼等を逐うて止む時な」く、「吾人は断じて此の誘惑を脱」することができないからである（同）。

それゆえ、そうした「精神の模様」のあるべきあり方として想い見られた〈空想〉は、けっして「外物」を否定して、いわば自閉した夢をつむぐということではありえない。つまりそれは、死に代表されるような、われわれに如何ともしがたい不如意な「外物」を、何らかのかたちで如意なるものへと思い込ませることではない。不如意なるものをまさに不如意なるものと思い知りながら、そのうえでそれに迷乱・苦悶しない「精神の模様」が、またその「坐り」が求められているのである。

われわれは他の「外物」とともに万物一体・有機組織をなして全宇宙に連なっているという〈空想〉が、そうした「坐り」を獲得するならば、不如意なるものは不如意なるもののままに鎮められてくるというのである。それが清沢における「信の成立」ということであった。

ところで清沢は、こうした〈信〉すなわち「空想の確立」を獲得するためには、まず「外物に対して不適当なる欲情を引き起す所の、妄念妄想を退治すること須要である」(「心霊の諸徳」)という。〈妄想〉とは、〈空想〉とともにわれわれの想念のひとつであるが、それは〈空想〉とちがって不如意なるものを如意なるものと思い違え(「不適当なる欲情を引き起」し)、そのことによって一切の誘惑・迷乱・苦悶を生ぜしめるとされるものだからである。清沢の、しばしば強調する「空観」ということも、つまりはそうした主張と別のことではない(「空観とは何事なりや。他なし、邪念妄想の虚無空寂なることを宣説するものなり」「破邪顕正(はじゃけんしょう)談」)。

清沢はこうしたことを、仏教とともに後期ストア派の哲人・エピクテトスの、次のような考え方により大きな影響を受けている。

> 如意なるものと不如意なるものとあり。如意なるものは、意見、動作、及び欣厭なり。不如意なるものは、身体、財産、名誉、及び官爵なり。己の所作に属するものと然からざるものとなり。如意なるものに対しては、吾人は自由なり、制限及び妨害を受くることなきなり。不如意なるものに対しては、吾人は微弱なり、奴隷なり、他の掌中にあるなり。此の区分を誤想するときは、吾人は妨害に遭ひ、悲歎号泣に陥り、神人を怨謗するに至るなり。
>
> （『静観録』序言）

『エピクテトス語録』から清沢が訳出した一節である。不如意なるものとは、要するに清沢のいう「外物」のことである。己れの身体またそれに連なる疾病・死をふくめて、他者・境遇の一切すべてが「外物」であり、そうした「外物」をまさに「外物」と認めないかぎり、迷乱・苦悶を免れることはできないというのである。

とすれば、自己の身体をふくめて「外物」とする、その〈内〉（「精神主義」の「精神」）とは何か、が問われなければならないが、そのことについては後述するとして、ともかくここでは、清沢の〈妄想〉を「退治」しようとする営みは、不如意な「外物」を不如意な

「外物」として認め従うことの徹底した認識として追求されようとしていたということを確認しておこう。

その追求は、むろん認識のこととして、われわれにおいては知的営みとして要請されているが、しかしそれは、たんに知性・理性とよばれる頭の働きとしての知ではない。清沢においてそれは、つねに〝実験〟（実体験の意）をふまえた、厳しい禁欲・修養をともなった「省察」「自覚」のそれとして追求されていた（結果としてそれは、結核そして死という遂にはみずからの身を破るほどの厳しい知行として追求されていた）。

さらにその知的営みにおいて注目すべきことは、その不如意な「外物」を不如意な「外物」として認識しようとすることは、それ自体どこまでも厳しく追求されるものでありながら、結局われわれは、「みずから」の知においては、けっしてそうは知りえない、思い知りえない、というところの承認にまで行きつくべきものとして説かれているということである。それは「吾人が自己の知慧を尽すも、到底及ばざる所多きを確認する」（「心霊の諸徳」）といった、無知・無能の認知としての知である。あとでも述べるが、われわれはわれわれの知のみでは、たとえばいかにしても〝この自分が死ぬ〟とは思い知りえないということである。

〈妄想〉が起こるのは、「畢竟自己と云ふものを中心として居るからである」（「心霊の諸徳」）。如意なる「意見、動作、及び欣厭」によって不如意な「外物」を侵犯し如意たらしめようとするからである。そうした「自己中心主義を破却」（同）することが〈妄想〉を「退治」することであるが、それをそうと知って、いかにぎりぎりのところまで追いつめようとも、われわれの知的営みは、それだけではけっして完遂しえないということである。むしろ清沢は、そうした事態をふくめて思い知れというのである。

精神主義に対して色々の評判これ有れど、それに対して実は一言も申さず、そは此の主義は全く自己無能の表白なれば也。どの方面に向っても、閉口し、閉口し、閉口しをはつたの白状（はくじょう）、即ち精神主義なり。（「浩々洞語録（こうこうどう）」）

確認しておくと、清沢において「信の成立」とは〈空想〉を確立するということであった。そしてそのためには、〈妄想〉を「退治」する営みが必須条件とされたが、しかしその営みは、いかに厳しく追求されようともそれだけではけっして完遂できない、したがって「信の成立」もまたもたらしえない、という事態がここまでに見たところである。そうした事態をふまえて清沢はこういう。

吾人が心霊修養の為に、偉大なる信念を確立せんには、吾人は其の方便として、先づ吾人の妄念を伏断（ふくだん）せざるべからず。而して妄念を伏断する要路は、真理を観念するに勝

（「心霊の修養」）

るものなし。

「信の成立」には〈妄想〉を「伏断」「退治」せよ、といいながら、ここではさらにそのためには、「真理を観念」せよ、というのである。あるいは、「念想の最善最高なるもの、之を理想と云ふ。吾人は常に理想に服従するを以て最要となさゞるべからず」（「心霊の修養」）ともいう。「真理を観念」すること、また「理想に服従する」こととは、いうまでもなく、あらゆるものが万物一体・有機組織をなすという〈理想〉〈空想〉〈希望〉によるということである。「此の希望は非常に大切な希望である。我々は此の希望によりて以て自己の生活を反省熟察すべきである」（「心霊の諸徳」）。「反省熟察」とは、さきに見たように、〈妄想〉を「退治」するために求められた知的修養であるが、それがここでは、逆に〈希望〉〈空想〉によって導かれ深められるというのである。

つまり、こうした考え方と、さきに見た考え方をつき合わせると、そこには、〈空想〉の確立（「信の成立」）のためには〈妄想〉を「退治」しなければならない、その〈妄想〉を「退治」するためには〈空想〉そのものに従わなければならない、というある種の循環論が指摘できるのであるが、それはむろん、空転する循環ではない。〈妄想〉を「退治」することと〈空想〉を育てそれに従うということが、ともに相互の条件となって、「空想」の確立（「信の成立」）という事態へと、両者が「交互に刺戟策励して」（「臘扇記」）、いわ

ば螺旋を描いて上昇すべきものと捉えられていたというべきであろう。(7)

四 〈他〉なるものとしての絶対無限

かつて武田清子は、日本人の超越のあり方を論じて、そのほとんどが、①「偶像崇拝的な神々、または、国家（天皇制）など、いわば「物」による」疑似的超越か、②「自己の修養、悟り、あるいは諦観など」人間の主体的・心理的操作による相対的超越、に属するとして、それを、③「キリスト教でいうところの絶対的、人格的他者としての神（God）による絶対的自己否定を通して自己肯定に到達するという意味」での絶対的超越のあり方と対比して論じている。(8)論の当否は措くとしても、これに従うならば、以上のような清沢の考え方は、さしずめ自己の想念のやりくりとして、②の典型のように理解されてしまうだろう。

たしかに、清沢の〝精神主義〟は、現にこうした命名がなされているように、そこにそうした傾向を十分指摘することはできるが、しかしそれのみでは、「相対が絶対に入り、有限が無限に合する」といった、その宗教としての本質を看過してしまうことになる。問題は、その絶対あるいは無限なるものの内実の問題である。絶対・無限とは、その想念の働きにおいてどのようなものとして捉えられていたか、である。

武田のいうような「キリスト教でいうところの絶対的、人格的他者としての神（God）」は、そのままでは、清沢には求めうべくもなかったのであるが、しかし、かといってそこに、キリスト者にはありえた「自己を超えた普遍的絶対者の視点から自己を見、その存在によって自己を意義づけようとする立場」（武田「自己超越の発想」）がなかったとは一概に断定できない。

また、北森嘉蔵はつとに、「「宗教そのもの」の基本構造は、徹底性ということとどんで ん返しということである」として、「徹底ということは底に徹することであるが、その「底」というものは、自己の限界であることは明白である。……人間のどん底としての限界は、必ず人間を超えた他者——すなわち超越的他者と人間が相接するところである」と述べ、キリスト教と浄土系仏教との「宗教そのもの」としての相似性を指摘しながら、そのうえで、さらにこう問うている。

浄土系の仏教でいわれる「他力」の主体たる阿弥陀仏が、厳密な意味で人間に対して超越的実在者として他者であるのだろうか。……なぜなら、実在的他者でない「他者」は観念的他者であるほかなくなり、観念化されたらすでに他者でなくなって、「自己」の一変容にすぎなくなるからである。

（『日本人の心とキリスト教』[9]）

ここで「キリスト教でいうところの絶対的、人格的他者としての神（God）」そのもののあり方や、また浄土系仏教一般の「超越的他者」のあり方について論ずることはできないが、武田・北森のこうした問題提起を清沢自身へのものとしてあらためて整理してみよう。

さきに見たように、清沢のいう〈空想〉は、けっして外界の事象・実在、彼のいわゆる「外物」を否定して、いわば自閉した夢をつむぐということではなかった。つまりそれは、不如意な「外物」を、何らかのかたちで如意なるものへと思い込ませることではなく、不如意なるものをまさに不如意なるものと思い知りながら、そのうえでそれに苦悶しない「精神の坐り」として求められていた。それは、他の「外物」とともに万物一体をなして全宇宙に連なっているという〈空想〉において可能であった。

また、「外物に対して不適当なる欲情を引き起す所の、妄念妄想」は、徹底的に「退治」されるべきものとされ、それ自体どこまでも厳しく追及されながら、結局のところ、われわれは、「みずから」の努力のみにてはけっして完遂しえないという無知・無能の認知に徹底されるべきものとして説かれていた。そこに、〈空想〉が確立する。それが「信の成立」ということであった。

それはまさに、北森のいう「徹底」と「どんでん返し」という超越の事態ではないか。それは、「みずから」の想念の営みの挙げ句に、その無能の認知の徹したところに招来されるものである。われわれはわれわれ自身の「みずから」の営みだけでは、〈妄想〉を「退治」し尽すことはできない、したがって〈空想〉のゆるぎない確立、「信の成立」をもたらすことはできない。われわれにできることは、「自己無能の表白」「閉口し、閉口しをはつたの白状」でしかないのである。そのことを、清沢はこうも述べている。

信の成立は直接自立的にして、巧者の構造製作を待つことなし。（「破邪顕正談」）

「信の成立」はそれ自体において起こることであり、信者のはからい、あり方において、ではない。清沢の使っている比喩でいえば、「観月」において「彼の明月の出現は、決して吾人の構造製作を以て之を如何ともする能はず」（同）、ということである。いかに準備しようとも、「みずから」の力で「明月の出現」（「信の成立」）をひき出すことはできない。「閉口し」続けるということは、いわば「吾人が頭を挙げて之（月）を望む」（同）ことであるが、いうまでもなく「頭を挙げて之を望」み続けていなければ、「月」が出てもそれをそれとして認めることはできないのである。

むろんそこに「月」の出る保証はない。それゆえにこそ「頭を挙げ」続けることが、どこまでも要請されるのであるし、また、そうしているかぎりかならずや「明月の出現」に出会えるだろうとの〈希望〉〈空想〉を持ち続けることが、そうした営みの情熱を支えるのである。

くりかえしておけば、「信の成立」はそれ自体において生じることであって、われわれ「みずから」の自力の営みではついに招来することはできない。その意味でそれは、どこまでも〈他〉の働きとして現出するのであり、清沢における超越認識としてきわめて大切なところである。こうした点についてはあとでまとめて見るが、ともあれここでは、その「転回」世界においては、不如意な「外物」は不如意な「外物」のままに認め従うことができるという点を押さえておこう。われわれは、そうした〈外〉なるもの（それこそが〈他〉である）に従うことにおいて煩悶を脱することができるということである。

只だ夫れ絶対無限に乗托す。故に死生の事、亦た憂ふるに足らず。死生尚ほ且つ憂ふるに足らず。如何に況んや、此より而下なる事件に於てをや。追放可なり、獄牢甘んずべし。誹謗擯斥、許多の凌辱、豈に介すべきものあらんや。否な之を憂ふると雖も、之を意に介すと雖も吾人は之を如何ともする能はざるなり。（「臘扇記」）

「死生の事は憂ふるに足ら」ない。たとえ「之を憂ふると雖も、之を意に介すと雖も吾人は之を如何ともする能はざる」からである。あるいはそれはこうも言い換えられている。「生あるものは必ず死ありと云ふことが明白に信じらるれば、其が即ち光明である」（「心霊の諸徳」)、と。その「死」はすでに「転回」した意味が付与されており、それは知られた「死」というよりむしろ信じられた「死」である。「絶対無限に乗托」した「死」である。

死にとどまらず一切の「外物」と、万物一体・有機組織をなして無窮の宇宙に連動しているとする〈空想〉の確立した世界においては、「死生」のみならず「追放」「獄牢」「誹謗」……、何一つ憂うることがない。それが、清沢の「おのずから」への従い方であった。

「外物」を「外物」として認め従うということは、「常に外物と相関係して離れざる自己」を思い知る(信ずる)ということであり、「外物を離れたる自己は、是れ一個の妄想」と思い知る(信ずる)ことである(以上、引用は「本位本分の自覚」)。言い換えれば、〈妄想〉としての「内」(自閉・自能)が突き破られ、「外物」と無限に連なるものとして開かれた真の〈内〉(自由・自足)が形成されるということである。

「精神主義」における「精神」とは、そうした自由・自足の〈内〉の謂であり、それこそが清沢のいう「真の自己」なのである。そうした〈内〉においてわれわれは、「如何なる所にも無限の妙致を発見して、到る所に充分なる満足を獲得す」ることができるのであり、その意味においてそれは、すぐれて〈内への超越〉ということができる。

しかしくりかえし確認しておけば、その「精神」「自己」とは〈空想〉する「精神」であり「自己」である。それが懸念されたような自己欺瞞でないことは、清沢自身の〈妄想〉破却の厳しい知的営みに説得されるとしても、〈空想〉それ自体が「欺瞞」でないことの最後の保証はついにもちえない。

それゆえにこそ、どこまでも〈空想〉なのであるが、たとえそうであろうともそれは、「みずから」にも如何ともしがたい「人心の至奥に出づる至盛の要求」（「御進講覚書」）によってもたらされたものであり、それはすでに己れの恣意を超えた〈他〉の働きの賜物ということもできるであろう。清沢はそこに「完全なる立脚地」（「精神主義（その一）」）を築こうとしたのである。

> 抑々人間とは何ぞや。人間の特徴は空想、是である。空想の実用、是である。……予の所謂空想とは、未だ現実ならざる想念にして、而もやがて、現実たり得る所の想念である。即ち所謂希望なり目的なり、吾人の走りて止まざる追求の対象である。
>
> （「空想の実用」）

清沢においては、〈空想〉こそが人間の人間たる所以なのである。しかしてその〈空想〉は、「未だ現実ならざる想念にして、而もやがて、現実たり得る所の想念」として想い見られたものである。「現実たり得る」とは、「信ずるが故に実なり」（「精神講話」）、「信仰さへあれば、実用が現はれて来」（同）る、という意味でのそれであるが、そうした〝現実〟

においては、「死したるものが生きて居たり、鬼が仏になりたり、所謂神変不可思議なることが現はれ来」（同）るという「妙致」が招来されるのである。それは、如何ともしがたい現実を前にまさに押し潰されそうになった清沢が、ギリギリのところで発見した〈内〉なる精神の、そこでの〈信〉ということができるであろう。

このような考え方は、「そこではあらゆることが可能である」、たとえ死した者ともどこまでも一緒に行きうるという「ドリームランド」（『注文の多い料理店』新刊案内[10]）を構想しえた宮沢賢治の「幻想」のコスモロジーにおいても同質なものを見いだすことができるし、また「今まで愛らしく話したり、歌つたり、遊んだりした者が忽ち消えて壺中の白骨になると云ふのは、如何なる訳であらうか。もし人生がこれまでのものであると云ふならば、人生ほどつまらぬものはない。此処には深き意味がなくてはならぬ」（「『国文学講話』序[11]」）として、その「深き意味」を求める「内心の要求」を「万物我と一体」という「信念」において捉えようとした西田幾多郎の哲学においても見いだせる。

さらにはまた、失われた子を求める親がいつの日かかならず再会の日がありうるとの希望を〈信仰〉として固く持ち続けた内村鑑三においても、またその〈信仰〉を、「いつの頃からか、人類はさういふ要求を心に起したのである。死よりよみがへるといふ事を希望し、空想を逞しうするやうになつたのである。さういふ要求、さういふ空想は、いくら科学的知識が発達しても、消滅しないであらう」（「内村鑑三」[12]）と、〈空想〉（「要求」）と言い換え、みずからもそうした〈空想〉のなかでアーメンと祈った正宗白鳥においても共通に見いだせるところのものである。それらもまたそれぞれの切なる思いのなかで営まれたギリギリの〈信〉ということができるであろう。

五　「おのずから」と「みずから」の「根本の撞着」

最後にあらためて、宗教とは「相対が絶対に入り有限が無限に合する」（「精神主義（その一）」）ところだと説く清沢の、その、絶対無限と相対有限の関係について確認しておこう。宗教哲学者としての清沢は、両者の関係について、原論として、こう述べている。

> 無限有限の二者、同体なりや、異体なりや。曰く、若し二者異体なりとせば、無限の体の外に、有限の体あるべからず。是れ無限の義に背反するものなり。故に、無限の体の外に、有限の体あるべからず。即ち無限有限は同一体たらざるべからざるなり。
>
> （『宗教哲学骸骨』）

もし、無限・有限の両者が異体だとすると、絶対無限の外に相対有限があることになり原理的におかしい。ゆえに両者はどうしても同体でなければならない。それは仏教一般でいえば「娑婆即涅槃」「煩悩即菩提」といったようなことになるのであるが、しかし、こうした有限・無限同体論は、すぐあとで述べるように、通常の「一個の有限」としてのわれわれの人智には到底そうありえず、それは「根本の撞着」あるいは「哲理の第一義を破滅し去るの自家背反」たらざるをえない。しかしわれわれの「世界観は何処にか必ずかかる一不可思議を許容せざる」（同）をえないのであり、その「許容」においてこそ、宗教の独自の領域があるというのである。

> 有限無限同体なりと雖も、一個の有限は、無限と同体たる能はず。乃至百千万の有限も、無限と同体たる能はず。唯だ無数の有限相寄りて、始めて無限と同一体たるを得べきのみ。故に有限は無数ならざるべからず。無数の有限は、相寄りて、無限の一体を成す。其の状態を有機組織と云ふ。（『宗教哲学骸骨』）

無限・有限が同体であるといえども、それは原理的にいえば（＝無限の側から見れば）ということであり、「一個の有限」はどこまでも無限と別体たらざるをえないということである。「有限は其の体、限別あるものにして、限別の存せざる無限と同体たる能はざるなり」（『他力門哲学骸骨試稿』）。ただ無数の有限が相寄り集まってはじめて無限と同一体になり、その状態が有機組織なのである、というのである。

以上が原論である。

この原論に即していえば清沢にとって阿弥陀如来とは、要するに、無限と同一体をなしているという有機組織の、そのありようの全体のことである。それは「……真如也。実相也。法性也。法爾也。必然也。自然也。道也。本体也。勢力也。不可知的也。不可思議的也。絶対也。神也。天帝也。阿弥陀仏也。本願力也。仏智不思議也。皆是他力也。無限也。大悲也」（「臘扇記」、傍点原文）等々とさまざまに言い換えうるものである。清沢にとって阿弥陀仏とは、その万物一体、有機組織の全体の働きにほかならない。そしてその働きは、われわれが「一個の有限」としてあるかぎり、どこまでも別体として〈他〉なるありよう、「不可思議」なるありようたらざるをえない、というのである。

後の清沢は、真宗僧侶としては、このような哲学抽象用語はあまり用いなくなるが、この万物一体・有機組織といった思想の枠組み自体は生涯変えていない。ただその説かれ方が、より主観的に〈空想〉〈理想〉として語られているだけである。くりかえしているように、「信の成立」とは、その〈空想〉が確乎として確立するということであった。「信の成立」した境涯においては、不如意な「外物」はまさに不如意な「外物」として認め従うことができる。そのことにおいてけっして「煩悶憂苦」することがない。「外物」に徹底服従するということは、〈他〉なるものに司（つかさど）られるものとして受けとめるということとである。そう受けとめえたとき、〈妄想〉する自己が突き破られ、「外物」と万物一体的に連なるものとして「絶対無限に乗託」することができるというのである。「如何なる所にも無限の妙致を発見して、到る所に充分なる満足を獲得す」る境涯はそこに現出してくる。いうまでもなくそれは、親鸞のいわゆる「現生正定聚」（「如来と等し」）の境涯であり、「おのずから」「然らしむる」ところの「自然法爾」の現出である。

第一章で見たように、親鸞の自然思想に似ているとされる自然主義思想の自然、「おのずから」の考え方には、ややもすれば、「みずから」が無傷のままに「おのずから」とつながっていた。つまりそこには、「みずから」と「おのずから」、自己と自然、またひいては自己と他者との暗黙のうちでの同一性・連続性が前提されていたのであって、そうしたあり方が、甘えとも無限抱擁とも批判されてきたところのものであった。

こうした、「みずから」を「おのずから」に安易に同定・解消させようとする発想は、まさに清沢のいう「外物に対する不適当なる欲情を引き起す所の妄念妄想」ともいうべきものである。清沢（親鸞）においては、何より、如意と不如意という想念の働きを区分・限定するところから始められていた。「おのずから」の働きは、どこまでも「みずから」のはからいの外なるもの（「外物」）であった。「おのずから」の「然らしむる」働きは、絶対的に〈他〉なる働きなのである。

清沢満之の「精神主義」の「精神」とは、そうした〈他〉なる働きに乗託すべく築かれた〈内〉なる超越拠点であった。その意味でそれは、近代自己が「みずから」の「妄想」を打ち破りながら、なお「みずから」において「おのずから」に乗託しようとした営みといっていい。第一章で使った表現を使えば、それもまた、「みずから」にとって「おのずから」とは、もともとそのうちにありながら、しかもとてつもなく遠い向こう側としてあるという「あわい」[13]、その「あわい」をそれとしてどう生きるかという問いであり営みであった。清沢の超越思想は、そうした問いに対する、近代日本におけるもっとも早いまた本格的な思想表現であったということができる。

第七章　生と死の「曖昧」な肯定

——正宗白鳥の臨終帰依

今日を生きてゐると、明日はもう一つの
光がさすんぢやないか。

——正宗白鳥

一　「がん告知」のあり方について

「がん告知」のあり方について、かつてアルフォンス・デーケンは、アメリカでは、一九六一年の段階では、九〇パーセントの医師が「がん告知」をしなかったのに、その後「医師の考え方に革命的な変化」が起こり、今では一〇〇パーセントに近い医師が告知しているという状況を報告し、続けてこう述べていた。

これは真実を告げて、共にがんと闘おうという医師側の基本的な姿勢が確立されたからです。嘘をつかない、ごまかさないという態度が、医師と患者、患者と家族との間のコミュニケーションと信頼感を深める上で、いかに大切かという考え方が、医療関係者の間に定着したからにほかなりません。（『死とどう向き合うか』[1]）

それは、告知率が当時（一九九六年）もなお、一九六〇年代のアメリカのレベルにあった日本の医師や患者のあり方が、「真実を隠し、共に闘わず、嘘をつき、ごまかしている」ということへの摘発でもあった。アメリカの医師に起こったという「考え方の革命的な変化」なるものの中味の具体的な検討が必要であるが、それはここでは問わないとしても、また一般的にそうした告知が望ましいと考えうるにしても、ことは単純に、以上のように〝啓蒙〟的に語って済む問題ではなかった（はずである）。

日本においても、その後、医療技術が高度に進み、また医学知識も一般化することによって、告知率は否応なしにはねあがり、今ではほぼアメリカ並みになってきている。が、当時も、また今も問うべきは、なぜに日本においては、アメリカなみの高い医療技術や知識をもちながらも、ずっと告知率が長い間上がらなかったのか、そのあたりに潜在していた日本人の、アメリカ人とは異なった死生の受けとめ方の問題である。[2]

くりかえしておけば、ことは「真実を告げて、共に闘い、嘘をつかず、ごまかさない」といった〝蒙〟を啓けば済むという事態ではないし、ましてやそれが「コミュニケーションと信頼感を深める上でいかに大切であるか定着していない」などと概括されるべき事態ではなかった(はずである)。まずは死生をめぐっての「真実」や「嘘」、あるいは「コミュニケーション」や「信頼感」のあり方といったことを見つめ直してみる必要があるように思う。

……よほどの人じゃないとだめだろうなと思うから、告知はしない方がいいんじゃないかって思います。自分の状態というのは、たぶんいろんなことからご本人たちは推察しているかもしれないんですけれども人間の心の動きのなかにもう一つあって、ぼくは自分の近親を看取った経験からそう思うんですが、病人というものは、もしわずかでも生への可能性があるとすれば、病状の解釈自体は、ぼくの理解の仕方では、決して死の方へいかないで、生の方へ解釈するという印象をもっているのです。ですから、曖昧にしておくということは、別の言い方をすれば生の可能性があるように、一種の通り道を残しておくという状態を意味するとぼくは思うのです。その方がいいんじゃないかっていう印象をもっています。

(吉本隆明『思想としての死の準備』[3])

ここでの「曖昧」さは、さきの文でいえば、もっぱら啓蒙の対象になってしまうが、吉本はそこにある可能性を見ていた。それは当面、死を前にした状況における「一種の通り道」の――本人の「推察」や「心の動き」を一切断ち切って、うむもいわせず言葉だけの「真実」をつきつけること（告知）以外の――可能性ということであるが、そのことをふくめて、死生をめぐっての問題全般（その「真実」と「嘘」、「コミュニケーション」や「信頼」のあり方等々）に関しての、いうなれば「曖昧にしておく」ことの可能性あるいは有効性といったようなものである。

むろん日本語においても「曖昧」は否定語であり、人は「曖昧」であり続けることはできない。しかし、にもかかわらずなぜに日本人は、こうした重大な事態において「曖昧」にしておこうとしてきたのか、あるいは「曖昧」でありえたのか、その背景にはどのような死生の受けとめ方があったのだろうか。デーケンの提言は、それが現代医療の常識であり、それに基づいた「正しい」提言であるとしても、あらためて、こうしたことの検討もあわせてなされなければならないように思う。

以下ここでは、こうした関心から、主として正宗白鳥（一八七九―一九六二）をとりあげ、とりわけその臨終帰依という事態をめぐって検討してみることにしよう。そこに、日本人の死生観の「曖昧」な肯定ともいうべき、ある問題点が浮かび上がってくると思われるからである。

二 「明日のことを思い煩うなかれ」

第三章でもとりあげた国木田独歩は、ある意味では、一貫して死生の問題を主題的に問うてきた文学者である。その彼に、死を前にした次のような発言がある。

> 臨終に猶ほ嘘を敢へてして恥ぢざる人の陋劣無恥を憎む。余の臨終に注意せよ。余は必ず些かの嘘なき大往生の形を示さん。死を欲せざれば欲せずと泣き叫び、欲すれば欲するやうに、明白に正直に死なん。（『病牀録』[4]）

まずはともあれ独立独歩の確乎たる自己主体に基軸をおいて生きようとした「欺かざる」一人、独歩の宣言である。しかし、その独歩にとって「些かの嘘」も許さない死とは、結局「四大空寂に帰し細胞は解け繊維は溶け原子は原子に元素は元素に還る事」でしかなかった。そのことを独歩は「知」っている。だがそれは「知るなり。唯知るなり」であって、そうした「知」においてはみずからの死をいかようにも納得しえない。——「然らば茲に吾あるを如何せん。国木田独歩は儼として茲にあり。目に見よ、耳に聞け、心に知れ、吾が身体は立派に嘘でなく明白にこの病床の上にあり。この吾如何せん。この人死してかの自然の中に散失すと君は信じ得るや。知る事は得べし。然かもそを思い断ずる事は得るや」（同）。

前章で清沢満之において見たように、人は、いかにしても〝今ここにいる自分が死んで消える〟とは思い知りえないのである。死を直前にして独歩は、かつて洗礼を受けた牧師・植村正久（うえむらまさひさ）を呼んで救いを求める。

しかし、「氏は唯（ただ）祈れと云ふ。祈れば一切の事解決すべしと云ふ。極めて簡易なる事なり。然れども余は祈ること能はず。」「祈りの文句は極めて簡易なれど祈りの心は難し」「衷心に湧かざる祈禱」はできぬ、祈れぬ、と泣きながら拒絶したという（同）。何よりも自己は自己に「些かの嘘」も許さないのであり、彼は、そうした自己主体から一歩も踏み出せなかったのである。(5)

このような独歩の死に比して、生前彼とほぼ同じ問題状況を共有しながら、その実際の死に際してはまったく対照的な死を死んだのが、正宗白鳥であった。

白鳥は、独歩以上に「他の誰でもない自分の自分」といったものに固執し、独歩以上に死生の問題にのみこだわり、死とは何であるか、についての「真実を追求して本当の所に達した揚句（あげく）の思想」（「文学に於ける「解決」是非」）といったものをつかんで死にたいと願った文学者であるが、その白鳥の晩年にこういう文章がある。(6)

どの方面においても、真実に徹して知り尽くすことは人間の幸福であらうか。今日このさわやかな秋びよりに浸（ひた）りながら快く生きてゐるのも、明日を知らないためでもあるともいはれよう。「明日の事を思ひ煩ふなかれ。一日の苦労は一日にて足れり。」といふ聖語も消極的な処世態度であるが、この言葉も意味深長である。（「秋風記」）

明らかにそれは、「真実を追求して本当の所に達した揚句の思想」の表現ではない。これよりすこし前に書かれた「内村鑑三」でも、この「明日の事を思ひ煩ふなかれ。一日の苦労は一日にて足れり」は使われ、重病で臥したときの内村の心細く寂しげな述懐に対して、「預言者としてでもなく先覚者としてでもなく、凡人内村として親しみを覚えるやうになつた」として、こう論を閉じている。

人間は誰しも自分の経過しないことは分らない。死に到る道は、死に到つてから分るので、どんな大先生にも予（あらかじ）め分つてゐる訳ではないのである。内村全集を読み、日記の終りにおいてかういふ感想の告白に接し、私は新たに人生の不可解に思ひを馳せたのである。人生の教師としての内村鑑三先生も、古稀（こき）の歳まで、かういふ平凡な真理に気づかなかつたのである。……自分の経験しない事は、つまりは不可解なのである。

ここで「明日」とは、端的に死および死後のことであり、――自分は何十年にわたってその真相の何たるか知ろうともがいてきた、もがきにもがいてきたが、しかしそれは所詮さかしらごとで傲慢ではないか。「死に到る道は、死に到つてから分る」「自分の経験しない事は、つまりは不可解なのである」、と。ただそれだけのことである。それは至って「平凡な真理」なのであり、それをそれとして「諦め」ようとしていた、といっていいだろう。しかしその「諦め」は、次のような言い方を可能にするようなものでもあった。

しかしまあ、いま生きてゐる、今日を生きてゐると、明日はもう一つの光がさすんぢやないか。……つまり世界はこのまゝでいゝんぢやないか、といふやうなことに、よく没頭しさうになるんです。自分で偉さうな考へをもたないで、そこらの凡人と同じやうな身になつたところに、ほんたうの天国の光がくるんぢやないかといふことを感じることがあるんです。（「文学生活の六〇年」）

死の数カ月前の講演の言葉である。「日本製ニヒリスト」の代表とまでいわれた（三好十郎「日本製ニヒリスト」[7]）白鳥の吐いたもっとも「肯定」的な言葉であり、臨終帰依といわれた彼の「アーメン」がここに発せられているのはいうまでもない。

この講演の翌日に、白鳥が牧師・植村環（たまき）（白鳥も独歩と同じように植村正久に洗礼を受け、その後棄教していた。環は正久の娘）に自分の葬式の司式を依頼したことが「感想断片」という随想にうかがわれる。

その随筆は、「不可解の暗影、不可解の微光」という副題が付され、「回顧すると、不可解の暗影、或ひは不可解の微光が、私の長い生涯には続けられてゐたともいへない事もない。私の家から見渡される池畔のさくらは、咲いて散つて青葉となつた。」と結文している。「不可解」を「不可解」のままに「不可解の微光」を願った、ということであろう。(8)

独歩晩年の祈禱拒否については、白鳥も何度か言及し、かつては彼自身、「私か。私も多分祈れまい」としていた（「欲望は死より強し」）ものであるが、しかし、ここにはすでにそうした独歩的な躊い（ためら）はない。まさに「不可解」を「不可解」のままに、たとえ「衷心に湧かざる祈禱」であろうともそれを祈りながら、「今日」を快く生き「明日の微光」を夢見て死んでいこうとしたのである。それがそのいわゆる「凡人の死」なのである。

加藤周一『日本人の死生観』(9)は、こうした白鳥の死を「大衆におけるあきらめの受容」の一典型と見、それを「甘えの死」としてこう述べている。

――「死における白鳥の甘えの感情は、現代の日本人の大多数が共有しているものだということに注意すべきである。彼はみずから願ったとおり、その生においても死においてもひとしく、現代日本の鏡であった」。その死生のあり方は、日本人の「大衆」に共有の、まさに「凡人の死」ともいうべきものであった。

三　「思い煩い」の位相

問題は多岐にわたりそうであるが、問いを最初の問いに限定しておくと、要は、「明日」を「不可解」のままにエポケーして「今日」を快く生きえたという、白鳥晩年の、ある種の「肯定」のあり方の問題である。

ということになると、白鳥のくりかえし使っていた「明日の事を思ひ煩ふなかれ。一日の苦労は一日にて足れり」の意味があらためて問題となってくる。いうまでもなく「明日の事を……」云々とは、新約聖書に周知の言葉であるが、そもそもそれはそこでどう語られていたものなのだろうか。

聖書の、この言葉のある段落（「マタイ福音書」6章25〜34節）は、「思い煩うな」という言葉が都合六回使われており、もろもろの「思い煩い」に対する戒めがテーマとなっている。――食べるものに思い煩うな、着るものに思い煩うな、命のことで思い煩うな。空の鳥、野の花を見よ、神の恵みのなかで何も思い煩ってなどいないではないか、と。そしてその戒めは結局、「信仰の薄い者たちよ、思い煩うな、まず神の国と神の義とを求めよ」という命令となって、最後「明日の事を……」という文で閉じられている。

「今日という日に、まず熱心に神の国と神の義とを求めて生きるなら、時間とエネルギーが余るということはありえない。今日一日を、もっと充実した日としてすごし、死にもの狂いで生きなければならない。今日を、明日への腰掛けか準備の日ででもあるかのように、生きてはならない」（榊原康夫『マタイ福音書講解』[10]）。キルケゴールのいうように、われわれは神につくられたものでありながら、ありのままにして「単純な」空の鳥・野の花のごとくには、神に絶対的に服従していないがゆえに「思い煩う」のだ、というのである（関根正雄・伊藤進『マタイ福音書講義』[11]）。

つまり聖書では、もろもろの「思い煩い」は、何よりも神への信仰・服従をはみ出す余剰な思いとして否定されているのであり、逆に神への絶対的な信仰・服従においてこそ「今日」が「今日」として「肯定」されてくるというのである。内村もこの言葉を解して、「よけいな苦労は決して求むべきではない。信仰は信頼を意味し、信頼は時にかなう能力の供給を意味するのである。信者がさき苦労をなし、またあと心配をなすは、彼の信仰のたりない何よりもよきしるしである」と説いている（「悪の処分」『聖書之研究』[12]）。

つねに聖書に関心を持ってきた白鳥もこのような解釈は知っていたであろうし、この内村の理解についてもさきの内村論でふれているが、しかしその直後でこう述べているのは微妙である。

明日の煩ひは明日の事とあきらめて、一日の苦労を一日にて足れりとするより外、為し方がないやうにも思はれさうだ。如何に生くべきかの態度をこの言葉によって極めるのもいいかも知れぬ。（「内村鑑三」）

つまりそれは、さきにも見たようにひとつの「諦め」として語られているのである。その「諦め」は、（鷗外の「諦念」Resignationでも見たように）語義本来の意味での「明らめ」ではない。そうした「明らめ」を断念して「不可解」を「不可解」としたまま受けとめるより他に「為方ない」というところでの「諦め」である。自らを「凡人」と認めたときに初めて知れるという「平凡な真理」としての「諦め」である。

こうした「諦め」が、聖書のいう神への絶対的な信仰・服従とニュアンスを異にすることはいうまでもないが、しかしにもかかわらずそれは、自分には「不可解」でありながらその「不可解」な「何ものか」へと身を預けようとする「諦め」でもあり、少なくとも白鳥は、それに対して「アーメン」と表現したということは事実である。

その「何ものか」への信がいかなる「キリスト教」であるかの検討は措くとしても、こうしたあり方に、人智では知りえない死を「おしはかる」さかしらの「安心」などを求めずに、神々の所為に定められた死生を受けとめようとした本居宣長や、「凡夫」たる自己の一切のはからいを捨てて、阿弥陀仏の「不可思議」な働きに身を預けようとした親鸞のあり方（現生正定聚）に共通のものを見いだすことはできるだろう。

宣長のいう神々や親鸞のいう阿弥陀仏の「不可思議」な働きは、いずれも自然の「おのずから」の働きと重ねて捉えるべきものであるが、白鳥の「不可解」なそれも、そうしたものに属する「何ものか」と考えることができる。

あらためて、さきに引いた「回顧すると、不可解の暗影、或ひは不可解の微光が、私の長い生涯には続けられてゐたともいへない事もない。私の家から見渡される池畔のさくらは、咲いて散つて青葉となつた」といった結文は、その意味で意味深長であろう。

つまり問題は、そこでの「何ものか」のあり方の問題であり、それに対応してのわれわれの死生に対するある種の「肯定」のあり方の問題である。「曖昧」さを残し「甘え」を許容しているとすれば、それはそうした問題としてあらためて考えられなければならない。

四　「今日」の生と「明日」の死

もう一人の例をとりあげよう。太宰治はこう述べている。

一日一日を、たっぷりと生きて行くより他は無い。明日のことを思い煩うな。明日は明日みずから思い煩わん。きょう一日を、よろこび、努め、人には優しくして暮らしたい。青空もこのごろは、ばかに綺麗だ。舟を浮かべたいくらい綺麗だ。山茶花（さざんか）の花びらは、桜貝、音たてて散っている。こんなに綺麗な花びらだったかと、ことしはじめて驚いている。何もかも、なつかしいのだ。（「新郎」[13]）

死の予感や気配のようなものが漂っているが、述べられていることは、どこまでも「今日」を「今日」として「なつかし」む「肯定」である。白鳥の場合より、「明日」より「今日」そのものにウェイトがおかれているようでもあるが、このような太宰の言い方もふくめて、死において「明日」をエポケーしつつ「今日」を「今日」として快く生きようとする発想は、さかのぼってみれば万葉の昔から、日本人の死生観には底流してきている。

この世にし楽しくあらば来む世には虫に鳥にも吾はなりなむ　（大伴旅人『万葉集』）

生ける者つひにも死ぬる者にあればこの世なる間は楽しくをあらな　（同）

むろん、とはいえそれは、丸山真男もいうように、けっして「真淵や宣長が上代に想定したような「おほらかな」現世肯定そのものではない」（「歴史意識の「古層」」[14]）。生者必滅の無常や因果応報の輪廻といった仏教思想と摩擦・牽引しながらの「なりゆくいきおい」（「おのずから」）のもたらすかぎりでのオプティミズムである。

やがて時代が中古から中世になって無常感・輪廻思想が優勢となってくると、「この世」

の「楽しみ」は、ひたすら「あの世」の「楽(らく)」(極楽)へと移し替えられてくる(ようにみえる)。

色は匂へど散りぬるを　わが世誰ぞ常ならむ
有為(うゐ)の奥山今日越えて　浅き夢見じ酔(ゑ)ひもせず

厭離穢土(おんりえど)・欣求浄土(ごんぐじょうど)の思想を背景においたとき、そこでの「今日」は、もっぱら「越え」られるべき「明日」への通過点でしかない。――「ちはやぶる神なび山のもみぢ葉に思ひはかけじ移ろふものを」(詠み人知らず『古今和歌集』)、「入日さす山のあなたは知らねども心を兼ねておくりおきつる」(西行『山家心中集』)、「生死(しょうじ)無常の有様を思ふに、この世の事はとてもかくても候。なう後世をたすけたまへ」(『一言芳談(いちごんほうだん)』[15])、云々と。

「明日」の「楽」への憧れが、「今日」のことは「とてもかくても」と言わせ「思ひはかけじ」といわせているのであるが、かといってそこで、言葉通りほんとうに「今日」のことが無みされるわけではない。もしほんとうに「今日」のことは「とてもかくても」と感じ、それに「思ひ」をかけることもなくなったとするならば、そのときはこうした訴えそれ自体も消えてしまうであろう。

問題は、どこまでも「うき世をば厭ひながらもいかでかはこの世のことを思ひすつべき」（『和泉式部集』[16]）といった思いを引きずるところに、すなわち「明日」への憧れと「今日」を愛おしむ思いとが微妙な二重性をなすところにこそある。無常感が、たんなる現世・現実否定でないことは第二章で見たとおりである。

ちなみに、中世も終盤になって「あの世」のリアリティが薄れてくると、ふたたび「明日」は積極的にエポケーされて「今日」は「今日」として「楽し」まれ愛しまれるようになってくる。――「いまだ誠の道を知らずとも、縁をはなれて身を閑かにし、ことにあづからずして心をやすくせむこそ、暫く楽しぶともいひつべけれ」（『徒然草』）、「ただ人は情あれ　夢の夢の夢の　昨日は今日の古へ　今日は明日の昔」（『閑吟集』）。

ここから現世的秩序を前面に押しだす近世へはほんの一歩である。あらためて確認するまでもなく「未だ生を知らず、焉んぞ死を知らんや」とは儒教の基本テーゼであった。第三章の伊藤仁斎の思想をその文脈から捉え直すこともできる。

五　「さようなら」の意味するもの

日本人の一般的な別れ言葉である「さようなら」は、もともと接続詞であり、「然らば、左様ならば」の意である。死を大きな別れとすれば、それはここでのテーマとも重なって興味深い。「さらば」「しからば」「それでは」「じゃあね」にしても同様であるが、それは明らかに、「God by (God) 神の御許によくあれかし」とも、「See you again 再び会いましょう」、「Farewell ご機嫌よう」とも違う別れ方である。

すでに十世紀の半ば以降から、日本人は、こうした「さらば、さようならば」という接続詞を別れ言葉として来たのであるが、そこにはどのような日本人の思考様式・行動様式が窺われるのだろうか。荒木博之『やまとことばの人類学』[17]では、そのことがこう考察されている。

「さらば」というのは本来、先行の事柄を受けて後続の事柄が起こることを示す順態の仮定条件を示す語である。……いままでの「こと」が終わって、自分はこれから新しい「こと」に立ち向かうのだという心のかまえを示す特別ないい方であるといっていいのである。日本人が古代から現代に至るまで、その別れに際して常に一貫して、「さらば」をはじめとする、「そうであるならば」という意のいい方を使ってきたのは、日本人がいかに古い「こと」から新しい「こと」に移ってゆく場合に、必ず一旦立ち止まり、古い「こと」と訣別しながら、新しい「こと」に立ち向かう強い傾向を保持してきたかの証拠である。

そして、その「こと」とは、日本にあっては、非原理的・一回的に生起変転して行く

「こと」を意味しており、そうした「こと」的世界に過敏に対応して生きるわれわれにおいては、しばしば言葉がその「こと」の移行を成就せしめるべく働いているとされ、ことわざ・標語・かけ声・囃し・呪言等々とならんで別れ言葉もその一つであると考察されるのである。

「こと」的世界観それ自体としても大きな問題であるが、「明日」のエポケーというここでの問題関心に引きつけていえば、「今日」という生の「こと」から「明日」という死の「こと」への移行において「必ず一旦立ち止ま」るという、その「立ち止まり」の中味が問題になる。

「さようであるならば」という「立ち止まり」は、基本的には荒木の説くように、「今日」の「こと」の成就・確認・総括のそれであるが、しかし同時にそこには、これまで見てきたように「今日」の「こと」が「さようであるならば」、続く「明日」の「こと」もまたなんとかなる、大丈夫だ(18)(「いま生きてゐる、今日を生きてゐると、明日はもう一つの光がさすんぢやないか」)といった期待なり志向なりが何らかのかたちで含意されているように思う。(19)

むろん、「今日」の「こと」の成就と「明日」の「こと」への志向では、本来それぞれ異なる事柄ではある。そのことはまず、確認しておかねばならない。たとえばそれは、鎌倉仏教の同時代の思想表現を使っていえば、次のような二つの死生観の対立にもなりうるものである。

生より死にうつるところろうるは、これあやまりなり。……生といふときは生よりほかにものもなく、滅といふときは滅よりほかにものもなし。(道元『正法眼蔵』[20])

我が死なむずることは、今日に明日をつぐにことならず。(明恵『明恵上人行状記』[21])

生と死とを「前後際断」(道元)して、そのひとつひとつの「こと」の成就・完結を説くことと、いわば「前後継起」させて、ひとつの「こと」に次の「こと」を随伴・連続させて説くこととの相違であり対立である。さきに見た「明日」への憧れと「今日」への愛おしみとの微妙な二重性の根にも、当然こうした相違・対立を見いだすことはできるだろう。

道元なり明恵なり、それぞれその死生観は、それぞれその背景に厳しく壮大な思想体系があり、その全体からあらためて捉え返すことはそれ自体、日本人の死生観の問題としても重要であるが、そのことはここでは措こう。ここでの当面の関心は、そうした到底同定できそうにない、相異なる二つの事柄が、白鳥の死生観や日本人一般の別れ言葉のなかにはすんなり並存しているということの問題である。

つまり、そうした、どちらでもありうるような死生の受けとめ方が可能であるところに、日本人の、それも「そこらの凡人と同じやうな身になつたところ」での死生観の、ある特徴を指摘することができるということである。『平家物語』に、次のような有名な平知盛（たいらのとももり）最後の言葉がある。

見るべき程の事は見つ、いまは自害せん。(22)

相良亨はこれをとりあげ、「人間世界の此岸性を見極めたという意味で、したがって彼岸への志向がふくまれている」とする読みに対して、「やるべきことはやった。これでおしまい！」という毅然とした「思い切り」の発言であり、それは此岸で完結しようとする発想であるとの読みを提示している。そしてそのうえで、こうした此岸で完結する発想と彼岸を求める発想とがどのようにつながっていたのかを明らかにすることのなかに、『平家物語』の、より十全な理解を探ろうとしているが、(23) それはそのまま、ここでの課題とも重なる。

「明日」への志向と「今日」の完結をともにふくむという「曖昧」な死生観の、その「曖味」さとは、つまりは、「おのずから」の不可思議性・不可知性に基づく「みずから」の姿勢のあり方である。

河合隼雄は、こうした「曖昧」さについて、「みずから」のYes/Noの択一的な操作よりも、ことの多重性とそれを鑑賞appreciateしようとしてきた日本人の「曖昧」のあり方に、ある可能性を見いだそうとしている。[24] しかし、それがややもすれば、悪しき意味での本覚論、融通無碍に陥りやすいことも、これまでにもくりかえし見てきたとおりである。

第八章　「空即是色」の荘厳

——「おのずから」と「みずから」の「あわい」の輝き

花びらは散る
花は散らない
——金子大栄

一　ニヒリズムの現代

第一章冒頭に、二一世紀の思想の極北が見ているものは「人間の死」「人類の死」だという指摘にふれた。世界（人類）は終わるという不安や予感は、今や人々の共通予知に近いものとして受けとめられるということかもしれない。

そのようなところでは、当然のことながら、これまで通用してきた意味や目的、また秩序（社会）形成への意力といったものはそがれ突き崩されてしまう。自己の存在が、自己の生きる世界からはうまく説明できなくなってしまうからである。

今われわれにとってニヒリズムの問題とは、たとえばこのような先端的なかたちで立ち現れている。むろん、終わりという問題は、虚無という問題とかならずしも同じではないが、個人の終わり（死）のみならず、世界もまた終わるという予感が、無－意味というニヒリズム状況にいっそうの拍車をかけているのである。

いま思想は、こうした状況にどう応えることができるのだろうか。

つとに昭和三八年という時期に、唐木順三は、その著『無常』[1]でこう述べていた。

> 今日ほど「無常」の事態を眼前にさらけ出してゐる時代は、さうざらにはない。現実の事態が「無常」なのである。言つてしまへば、ニヒリズムが普遍化し、すでにニヒリズムといふ実態が観念されえないほどに、ニヒリズムそのものが、のさばつてゐる。ニヒリズムはすでに特定人の特定の主義や意見ではない。世界を挙げてニヒリスティックなのである。……繁栄し、進歩すればするほど不安である。この繁栄、この進歩が、死への、滅亡へのそれではないかといふ不安は世界の現実なのである。

時代認識としていささかも色あせていない。というより、時代はますます唐木の認識を跡づけるものになっている。「この繁栄、この進歩が、死への、滅亡へのそれではないかといふ不安」が、今や日常卑近のものとなっているのである。そうしたなかで、人は何かしらの「有常、恒常なるもの」を求め、その権威によって自己の安定化を計ろうとする。しかし、国家、民族、階級、家族、特殊社会、……等々を絶対化することの失敗をくりかえすことはできない。こうした状況認識にたって唐木は、こう端的に提言する。

もはや、迂路(うろ)を辿(たど)るべきではない。無常なるものの無常性を、徹底させるよりほかはない。

唐木は、他のところでも同様の提言をくりかえし主張しているが、しかしいったい、「無常なるものの無常性を徹底させる」とはいかなることだろうか。「無常」はここで「ニヒリズム」と同義語であるが、「ニヒリズムのニヒリズム性を徹底させる」ことで、何がどう開けてくるのだろうか。空しさの自覚は、ややもすればその空しさを深化させるだけではないのだろうか。

むろん唐木においては、空しさの自覚は、たんに空しさを深化させるようなものとしては考えられてはいない。その徹底において、何らかの肯定へと転ずることがもくろまれていることはいうまでもない。そして考えてみればそれは、一世紀前に、こうした問題をはじめて主題的に考えたニーチェのとった方向でもあった。そこにはむしろ、「ニヒリズムは一つの正常な状態である」(『権力への意志』(2))といった認識が先取されており、価値転換の試みがそこに企てられていた。無常認識の徹底という言い方で唐木が考えていたことも基本的には同じであろう。

超越という、これまで機能していたカテゴリーが、もはや以前のようなかたちではリアルでありえなくなってきている現在、こうした方向が模索されるのは、ことの必然である。われわれもまた、そうした方向で考えざるをえない。そして、その方向で考えようとした場合には、さきの問いをふくめて、この「ニヒリズム（無常）は一つの正常な状態である」といった命題は、つねに合わせ論じなければならない基本テーゼのひとつになるだろう。

しかし、あるいはこれも、ひとつの捉え方・方向にすぎないのかもしれない。ニヒリズムの問題として現在をどう捉えるか、からしてそれぞれ異なることが十分考えられるし、またそもそもが「ニヒリズム」ということ自体をどう捉えるか、こそが、問題の、本来の由来となるべきだからである。

かつて三好十郎は、正宗白鳥を代表とする日本人の虚無的な傾向を「ヨーロッパ的な頭ではチョットつかみ取ることのできない一つの傾向」として、それを「日本製の barren な似非（えせ）ニヒリズム」と断罪した。(3) そのいわゆる「ホンモノのニヒリズム」なるものと対置し批判されたのである。その批判の当否はともかく、ほんとうの問題の所在は、一方は「似非」で他方は「ホンモノ」と安易に分別した、当の〝ニヒリズム〟なる言葉の定義の仕方にあったように思う。

そこには、nihilism が「虚無主義」と訳されてきた事情もからんでいる。当たり前のことではあるが、alcoholism（アルコール中毒）がアルコール主義でないように、また barbarism（野蛮状態）が野蛮主義でないように、nihilism もまた虚無主義（だけ）ではない。そうした単純な一義性こそが barren（不毛な）といわれるべきであろう。いわば〝主義者〟の勇ましい「ニヒリズム」の前には、われわれの内なる静かなニヒリズムは簡単に捨象されてしまうからである。

本来多義的でありうるニヒリズムを考えるにおいては、そうしたことは幾重にも注意されなければならない。ニヒリズムという言葉でなくとも、死や無や空や流転が、そのむなしさやはかなさが、人間の生のなかに不可避に巣くう事態は、現代のみならずそれこそいつの時代にもあった。そしてそれだけ、それとの格闘の歴史もあったはずである。まずわれわれは、そうした古今のそれぞれをそれぞれにおいて、正しく思想記述するところから始めなければならない。

つまり、われわれにとってニヒリズムとは何か、また何であったかというところにたち戻りながら、つねにそこから出発しなければならないということである。

二　「世界を荘厳（しょうごん）する思想」

以上のようなことを念頭に、ここでは、見田宗介の「世界を荘厳する思想」という考え方を取りあげてみよう。[4] それが、今述べた唐木順三の提言を真っ向から受けとめるものであり、当面する現在のニヒリズム状況を考えるにあたってもっとも魅力的な考え方のひとつであると思われるからである。

「世界を荘厳する思想」とは、直接的には石牟礼（いしむれ）道子の「人間はなお荘厳である」という言い方を受けている。石牟礼のその言葉は、

> 人間の上を流れる時間のことも、地質学の時間のようにいつかは眺められる日が、くるのだろうか。

と書き出された文章[5]に置かれている。――すなわち、この文章全体において、「石牟礼はどこかで〈人間〉を、もう死んだものとして感覚している。あるいは、いつ死んでもおかしくないものとして感覚している。その人間の死にぎわに添おうとしている。人間を荘厳しようとしている」というのである。（ちなみに、石牟礼のこの文章は、「水俣の現在」と

いう雑誌特集号に寄せられたものである)。以上のことをふまえたうえで、見田はこう述べている。

ひとりの死者をほんとうに荘厳するとは、どういうことだろう。その死身の外面に花を飾ることでなく、その生きた人の咲かせた花に、花々の命の色に、内側から光をあてる、認識である。それは石牟礼が、その作品で、具体的に水俣の死者のひとりひとりを荘厳してきたやり方である。

このようにしてそれはそのまま、生者を荘厳する方法でもある。その生者たち自身の身体にすでに咲いている花を目覚めさせること。リアリティを点火すること。〈荘厳である〉というひとつの知覚は、死者を生きさせるただひとつの方法であることによって、また生者を生きさせるただひとつの方法である。ひとつひとつの空蟬の洞にふるえる天日のあかるさのように、それはこの個物ひしめく世界のぜんたいに、内側からいっせいに灯をともす思想だ。

〈夢よりも深い覚醒〉に至る、それはひとつの明晰である。

「仏」=死者を花飾る意味の「荘厳」という言葉が、(いま生きているがやがて死ぬ、あるいはもう死んだものとも感覚されている)生者を、そのひとりひとりを、それらのひしめく世界全体を花開かせるという意味に転用されている。その意味での「荘厳する思想」とはまさに、さきに見たような「終わり」を戯れる現在のニヒリズム状況に応えようとする提言であり、今こうした問題を考えるに当たっては確実にある方向を指し示しているように思う。

ただそうであればこそ、その「思想」のいう「内側から光をあてる」「目覚め」「（夢よりも深い）覚醒」「明晰」といった「認識」のあり方や、あるいは「ほんとうに」「リアリティに点火する」「いっせいに灯をともす」といった「方法」のあり方の、より詳しい検討・吟味が必要になるが、そのことの一部はすでに違うところで試みた。[6] それゆえここでは、この「思想」をひとつのヒントとして、そこから喚起されてくるさまざまな考え方や問題点について考えてみよう。

見田のものが仏教語や石牟礼の言葉を借りて表現されていたように、ひとつの思想には、かならずそれをもたらした思想やそれに深く関連する思想があるが、それらを合わせ検討することによって、それらの思想群のより豊かな可能性を探ることができると思うからである。

三 「地質学」の視線

「荘厳」とは仏教語であり、当然「世界を荘厳する思想」の背後には、ある仏教的な奥行きが想定される。思想課題はきわめて先端的ではあるが、というより、いかに先端的であれ、その課題が先端的・根本的なものであればあるほど、それはこれまで問われ続けてきた同様の問いの蓄積の先で問われなければならないということであろう。

第一節で見た唐木は、ああした差し迫った状況認識のなかで、「もはや、迂路を辿るべきではない」として、みずから行った具体的なやり方は、「はかなし」から「無常」へという無常感の系譜を辿ることであった。そうすることによって「諸行無常、一切皆空、さういふ言ひ古されて具体的意味を失つてしまつた言葉の意味内容を、あらためて考へる」ことであった。

当たり前のことではあるが、こと生き方において人は、これまで生きてきたものを措いては、けっして新しいものを創り出すことはできない。問題は、それを今に見合ったものとしてどう賦活・再生しうるかだけである。あえてそのことを確認したところで、まずは、その「思想」からすぐに想起されるところを見ておこう。

おそらくこれから二千年もたつたころは
それ相当のちがつた地質学が流用され
相当した証拠もまた次次過去から現出し

……
きらびやかな氷窒素のあたりから
すてきな化石を発掘したり
あるいは白堊紀砂岩の層面に
透明な人類の巨大な足跡を
発見するかもしれません(7)

宮沢賢治『春と修羅』の「序」詩の一節である。そこには、「人間の上を流れる時間のことも、地質学の時間のようにいつかは眺められる日が、くるのだろうか」という石牟礼のつぶやきと、たんなる言葉つき以上の近しい発想が見いだされる。視線は、はるか銀河のかなたに置かれている。その世界はまさに「地質学」的、無機的であり、しかしその分きらびやかで透明で美しい。むろんそのきらびやかさは、人間的なるものの形容ではない。人間や生命をとうに突き抜けたところ、「氷窒素のあたり」や「白堊紀砂岩の層面」といったところに認められているものである。

宮沢賢治の思想世界において、とりわけその銀河や浄土のイメージに、こうした鉱物的ともいえる無機性があることは、(8)それ自体興味深いことである(それは、むしろ死の世界の側に、ある種の本来性を感じとっているということでもある)が、それはたとえば、次のような宇宙飛行士の感じたという視線に近いのだろうか。

生命という観点からは全くの無である。完璧な不毛としかいいようがない。人を身ぶるいさせるほど荒涼索然としている。しかし、それにもかかわらず、人を打ちのめすような荘厳さ、美しさがあった。(9)

(立花隆『宇宙からの帰還』)

むろん、ここでもその「荘厳」は、いかなる意味でも人間的なるものをふくんでいない。「完璧な不毛」「荒涼索然」とした「全くの無」において、それは感じとられたというのである。そしてその上で着目すべきことは、また問題にすべきことは、かといって、その視線は、そこに可視的でない生命や人間の存在のあれこれをけっして無視しているわけではないということだろう。

宇宙飛行士が、そこに見いだした「神」を媒介に地球上の人間をふくめての生きとし生けるものへの愛に献身する者となったことは、立花の同書に詳しくレポートされている。また宮沢賢治の場合においてはむしろ、「よだかの星」とか「なめとこ山の熊」といった作品を挙げるまでもなく、生命(かならずしも人間ではない)に対する無類の愛おしみ(いと)こそが、その独特の持ち味であった。

さきの詩においては、引用部のすこし前に、その「二千年前」には確乎としてあった

(今もある)、自分をふくめての「風景やみんなといっしょに／せはしくせはしく明滅しながら／いかにもたしかに灯りつづけ」たという「わたくしといふ現象」が書きとどめられていた。それは、たしかにひとつの「世界を荘厳する思想」であろう。

そこに共通して見いだされるのは、人間や生命への眼差しが、人間や生命それ自体の側からでなく、いったんそれを突き抜けた非生命的・非人間的なところから、そのいわゆる「地質学」的・宇宙的な視線において捉えられているということである。

いうまでもなく、それはきわめてパラドキシカルな認識である。死者の世界を見透すことによって、生者の世界を花開かせること、無機へと突き抜けたところから、有機・生命・人間の「荘厳」を引き出すという、この奇妙な手続き——。しかしそこには、今や容易に識得しえない「超越」からなおドグマティックに「人間の尊厳」を天下らせるのではない、ある種の説得力がある。

——だがいったいそれは、どういうことなのだろうか。非人間的な突き抜けは、さらなるニヒリズムを招かないのだろうか。「地質学」は、どう「人間は荘厳である」を可能にするのだろうか。問題はひとえに、この逆説めいた発想に収斂して問われてくる。

四　徹底と転回

さて、「荘厳」とは仏教語であり、仏教辞典によれば、「梵語 vyūha の訳。厳飾布列の意。すなわち諸種の衆宝雑華宝蓋幢々瓔珞等を布列し、以て道場又は国土等を荘飾厳浄するを云う」（『望月仏教大辞典』(10)）とされるものである。そこには、仏がみずからの智慧や福徳によって、その仏国土を飾りたてることから、人々が仏像や仏堂などを飾りたてることまでがふくめられている。

ここでの意味は、むろん後者、しかも本来の意味からはすこしずれた、死者＝「仏」を花飾る意味で使われている。しかし、それが「世界を荘厳する」、すなわち「個物ひしめく世界のぜんたいに、内側からいっせいに灯をともす」ということになると、すでにそれは、たとえば同辞典が引いている「是の三千大千国土は皆成じて宝花と為りて遍く地を覆ひ、絵幢蓋を懸け、香樹花樹皆悉く荘厳す」（『大品般若経』）といった「仏国土の荘厳」の描出とほぼ見合うものとなってくる。

つまりそれはすでに、仏へ、でなく、むしろ仏によって、その眼においてのみはじめて可能な世界というほかない。いうなればそれは、さきのものとは逆の意味での、仏＝「死者」の視線ともいうべきものであるが、しかしそれはいったいいかなる視線であろうか。

見田のものにすこし戻って見てみよう。違う著作『気流の鳴る音』(11)ではこう述べている。

われわれの行為や関係の意味というものを、その結果として手に入る「成果」のみからみていくかぎり、人生と人類の全歴史との帰結は死であり、宇宙の永劫の暗闇のうちに白々と照りはえるいくつかの星の軌道を、せいぜい攪乱しうるにすぎない。いっさいの宗教による自己欺瞞なしにこのニヒリズムを克服する唯一の道は、このような認識の透徹そのもののかなたにしかない。すなわちわれわれの生が刹那であるゆえにこそ、また人類の全歴史が刹那であるゆえにこそ、今、ここにある一つ一つの行為や関係の身におびる鮮烈ないとおしさの感覚を、豊饒にとりもどすことにしかない。

（「色即是空と空即是色――透徹の極の転回」）

あらためて確認するまでもなく、これはそのまま、「個物ひしめく世界のぜんたいに、内側からいっせいに灯をともす」という「世界を荘厳する思想」の主張である。ここではそれは、「人生と人類の全歴史との帰結は死」という「ニヒリズム」の「認識の透徹」として説かれている（唐木の、いわゆる「無常なるものの無常性を、徹底する」ことである）。そしてさらには、そうした認識の「透徹の極の転回」という「色即是空　空即是色」なる論理として説かれているのである。

死者への（あるいは死者からの）視線から、さらには人類そのものの「終わり」を織り込んだ「地質学」的視線から、「荘厳」を引き出そうとするパラドックスとは、こうした徹底と転回の論理において語りうるところのものだということである。

しかしじつは、このあまりにもよく知られた「色即是空　空即是色」という仏教論理自体は、かならずしも理解しやすいわけではない。語釈としては、「すべての物的現象（色）は実体がない（空）、しかしその空であるからこそ物的現象でありうる」としか訳しようのないお経の文句である。ただそれだけのことにすぎない、こうした文句を、どう生きた思想の言葉として語りうるか、こそが肝心なのである。

あるいは、唐木の言い方を借りて「さういふ言ひ古されて具体的意味を失つてしまつた言葉の意味内容を、あらためて考へる」ことこそが重要なのだといってもよい。そのことはつねに、仏教そのものにも求められて来たことのように思う。さらにいえば、それはすこし言葉の幅を広げれば、かならずしも仏教だけに限定されるものでもない、人間存在の根源を問う優れた思想や宗教には、かならずや何らかのかたちで見いだしうる、ある普遍性を備えた考え方であり、ここでの議論もつまりは、それをめぐってのものということになる。

五　「姨捨山となりにけり」

たとえば、唐木の『無常』に引かれている、「生きながら死人となりてなりはてて、思ひのままにするわざぞよき」（無難禅師）、「生きながら死して静に来迎をまつべし」「……

皆浄土なり。外に求むべからず、厭ふべからず。よろず生きとし生けるもの、山河草木、ふく風たつ波の音までも、念仏ならずといふことなし」（一遍）、「死は前よりしも来たらず。かねてうしろに迫れり」「世は定めなきこそいみじけれ」（兼好）、「野ざらしを心に風のしむ身哉」「見る処、花にあらずといふ事なし。おもふ処、月にあらずといふ事なし」（芭蕉）、等々といった言葉をランダムに挙げてみるだけでも、その背後に、今述べたような「色即是空　空即是色」や「荘厳」の生きた思想表現の事例を見いだすことができるが、ここでは、そうしたもののうちで、これまでの議論にもっとも関わりのあるものとして能という芸能をとりあげておこう。

「そもそも花とは、咲くによりて面白く、散るによりて珍しきなり」「ただ花は見る人の心に珍しきが花なり」「花とて別にはなきものなり。……人々心々の花なり」（『風姿花伝』[12]）等々といった世阿弥の「花」の思想にも、それは端的に見てとれる。「無表情で冷たい死相のごとき能面に、またそれをつけた演者のわずかな動きに、悲しみや歓び、愁いや思いのほどを、観客に存分に感ぜしむるという能」（和辻哲郎『面とペルソナ』[13]）とは、まさに「空即是色」の「逆説の美学」（増田正造『能の表現』[14]）ともいうべきところにおいて成立している。

それはむろん能芸論にとどまらず、その具体的な中味（謡曲）にも関係している。能に夢幻能とよばれるスタイルがあるが、それは、死者の視線において生を映し出すという手法をとるものである。何十年、何百年もの後の死の時点から生をふりかえり、在りし日のやみがたい思いを訴え、再現し、また懐かしんで舞いを舞う。それもすべて旅僧の夢のうちでの出来事なのであるが、それはまさに、死者を「荘厳」すること、「その生きた人の咲かせた花に、花々の命の色に、内側から光をあてる、認識」といっていいだろう。

そうしたもののひとつに、また死者の、とりわけ突き抜けた視線を主題にしたもののひとつに「姨捨」という曲がある。ここではそれをとりあげて考えてみよう。

「姨捨」は、概略次のような曲である。

――かつて捨てられた老女の亡霊が、姨捨山の中秋の名月を見に来た旅人に、今宵ともに楽しもうと現れる。浄土と見まごうほどに冴えわたる月光の下に、老女の思いは高まり、舞いを舞う。だが、舞いつつも「わが心慰めかねつ更級(さらしな)や姨捨山に照る月を見て」と、心はついに慰めかねる。慰めかねる彼女はなお切なく昔をしのぶ。しかし、やがて夜明けとともに、亡霊の姿は旅人に見えなくなり、いなくなったと思った旅人は姨捨山を去る。老女はひとり、とり残されてしまう。また捨てられたのである。

独(ひと)り捨てられて老女が、昔こそあらめ今もまた、姨捨山とぞなりにける、姨捨山となりにけり。[15]

と、曲は終わる。老女はまた、「姨捨山とな」ったというのである。

この曲の眼目は、捨てられたことに対するルサンチマンではない。「独り捨てられて」あることとの孤独のありようそのものである。かつて捨てられ、今また捨てられた亡霊は、それをかなしみ、せつなく昔をしのんでいる。それゆえその孤独感は、たしかに人恋しさという一面を持つ。しかし「その捨てられた孤独感は、ただ人に捨てられたという孤独感であるにとどまらず、人間関係的な次元をこえたところに捉えられている」（相良亨「『姨捨』の孤絶」[16]）。

この曲が「冷たい美しさに冴えかかっている」のは、老女の亡霊が、人に、ではなく、月に、慰めを求めながらなお慰めかねて、そちらへとどんどん行ってしまったところ、つまり「死から生の世界にかえってくるのではなく、死をつきぬけて別の存在へと変身をとげた」（『能の表現』）というところにある。

「姨捨山とぞなりにける、姨捨山となりにけり」と、静かにたたみかけて一曲を終わらせた作者（世阿弥と考えられている）は、はるかに人間世界を突き抜けたところから老女を見、そこに彼女を置いている。「風凄まじく雲尽きて、さびしき山の気色」に置かれながら、そのさびしさのままに、なお彼女のいること、いたこと、が、鮮やかに訴え出されている。

それは宇宙の運行を思わせて、淡々と、あるがままに徹して流れた偉大な孤独。感傷も、諦念もなく、すべてを排除しきって澄みきった〝そのもの〟に昇華していた。それは何という生命の強靭さだったろう。（『能の表現』）

「人間の上を流れる時間のことも、地質学の時間のように」眺められながら、その視線において「生命の強靭さ」がたしかめられている。それもまたひとつの「空即是色」「荘厳」の表現であろう。

救済という観点からすれば、ここには、いわゆる救済の名に値するような救済などはない。しかしにもかかわらず、その視線は、いわば絶望の奈落に落としこむものではなく、逆に「生命の強靭さ」なるものを確認させるものなのである。

そうした反転が可能であったのは、その孤独が、さびしい孤独でありながら、まさに増田のいうごとく、「宇宙の運行を思わせて、淡々と、あるがままに徹して流れた偉大な孤独」ともいうべきものであったところにある。つまり、いってみれば、月が月としてあり、山が山としてあるような、宇宙そのもの、自然そのものへと突き抜けふれたところに可能であったということであろう。

そこではそもそも、「終わり」もなければ「始まり」もない。「すべてを排除しきって澄みきった〝そのもの〟」とは、まさに「空」ともいうべきものであるが、そこまで突き抜け見透しえたとき、むしろはじめて、自己（人間・生命）が自己（人間・生命）としてあること、あったこと、が、それとして結像してくるということである。

第一、二章で見た世阿弥の言い方をふまえていえば、この世界の「おの〳〵」の「みずから」が「みずから」のある徹底した営みにおいて「おのずから」を発見・感得しえたときに、「みずから」のままに「成就」するということである。「おのずから」に突き抜けふれることにおいてこそ、「みずから」の存在、働きが結像・発現し、その価値なり意味なり荘厳なりが与えられてくる。「空即是色」とはまさにその謂いであり、「あはれ」「面白さ」の肯定は、その「空即是色」の「色」の彩り（いろど）のことであろう。

六　「どうせ」の論理再考

ところで、こうした、非人間的な（人間を突き抜けた）ところから人間的なるものを捉えようとする発想を、西田幾多郎は、もうすこし一般的に「日本文化の特色」としてこう述べている。すでに第一章で見たところであるが、ふたたび引用しておこう。

私は日本文化の特色と云ふのは、主体から環境へと云ふ方向に於て何処までも自己自身を否定して物になる、物になつて見、物になつて行ふにあるのではないかと思ふ。

（『日本文化の問題』[17]）

しかし、ということになると、ここであらためて問われてくるのは、その「自己自身を否定して物になる、物になつて見、物になつて行ふ」というあり方、これまでの言い方でいえば、突き抜けなり、徹底、透徹といったあり方如何の問題である。そもそも「突き抜ける」とは、「底まで徹する」「透し徹する」とは如何なる事態なのだろうか。

たとえば、こういう有名な歌がある。

人すまぬ不破の関屋の板庇荒れにし後はたゞ秋の風　（藤原良経『新古今和歌集』）

人が住まなくなった不破の関屋のそまつな板庇は荒れ果て、あとはただ秋風だけが吹いている、という情景を歌ったものである。問題は、日本人が、こうした、わびしさ極まりない情景を歌ったものに、ある種名状しがたい親しみ・安らぎみたいなものを感じ取っている、というようなところにある。これははたして、「自己自身を否定して物になる、物になつて見、物になつて行」っている歌だろうか。「突き抜けている」といっていいか、どうかといった問題である。

森本哲郎『日本語　表と裏』[18]は、この歌を、「どうせ」という言葉の語感によく見合うものとして挙げ、そこに、無常にあって、無常を直視せず無常に甘えるという日本人の傾向を指摘している。この歌がはたしてそうであるかどうか、また「どうせ」の認識がすべてそうであるかどうか、は保留するにしても、第二章で見た結果先取の「どうせ」の発想にはそうした傾向がともないやすいことは事実である。

たとえば、森本の挙げる「おれは河原の枯れすすき／同じお前も枯れすすき／どうせ二人はこの世では／花の咲かない枯れすすき……」(「船頭小唄」)云々といった歌詞に顕著なように、日本人の「どうせ」と「あきらめ」るその「あきらめ」には、「ささやかな、あるいは甘美な自己満足」すら読みとれる。それはけっして「虚無に徹した歌ではなく、無常に甘えた日本的〝甘い生活〟賛美と解することもできる」ということである。

なぜ、本来否定状況である無常に親和を感じ、また無常を語るに雄弁・詠嘆・感傷のマナリズムになるのかという、唐木『無常』の提出した問いは、第二章で見た問いの延長に、すなわち本覚論的思想風土の問題として問い直すことができる。

無常を、それ自体として突きつめることなく、安易に「おのずから」をかぶせるとき、無常を語りつつ「おのずから」に「甘え」るという、さきに見た悪しき意味での本覚論的情況が現出する。「おのずから」に埋没した「みずから」は、それ自体として限定・結像しておらず、そこに「みずから」独自の存在や働きは発現してこない。マナリズムの類型とは、そうした独自表現のついに未遂であることの表明であろう。

結果先取の「どうせ」の発想には、ややもすればそうした「甘え」が忍び込みやすいということである。「甘え」の裏返しで発せられている「どうせ」には、それがいかに一見過激に徹する否定認識のようにみえようとも、そこには、いわば隠し保たれた（自己）肯定が手つかずにとどめられている。それはいうなれば、「色即是色」の肯定である。ついでにいっておけば、明治日本の「煩悶状況」にぬぐいがたくあった感傷にしても、また現代日本の軽く明るいポストモダンな浮薄にしても、そこにはいずれも、この種の「どうせ」の「甘え」（現代版「何ともなやなう　何ともなやなう」『閑吟集』）が幾分かは潜んでいるように思う。

こうしたあり方に比して、「空即是色　色即是空」や「荘厳」の思想には、「姨捨」がそうであったように、「感傷も、諦念もなく、すべてを排除しきって澄みきった〝そのもの〟に昇華」することが求められていた。「地質学」には感傷に酔う余地はない。「自己自身を否定して物になる、物になつて見、物になつて行ふ」とは、いかに困難であれ理念的には、文字通り「物」化することが求められている。「生きながら死人となりてなりはて」ることが求められているのである。それが「空」に突き抜けるということである。それはつまりは、自己が自己以外のものにまっとうに開かれるということ、何らかの意味で自己の実体としての輪郭がとりはずされることを意味している。

逆にいえば、その突き抜け開かれたところの「空」とは、ここでは具体的には、「地質学」の地なり、自然なり、宇宙なり、あるいは「物になる」「死人となる」るといった言い方に表象されていたが、それがすでに「みずから」の〈他〉なるものとして働いているということ、しかもまた、そうしたかたちで絶対的に「みずから」を限定・制約しているということの発見であり承認である。

あえて親鸞の「他力」の考え方を引くまでもなく(むろんそれは、道元でも仁斎でも宣長でもいい)、日本においても、思想の名に値する幾多の優れた思想においては、こうした自然の「おのずから」の働きは、「みずから」をそのうちにおさめながら、なお「みずから」には如何ともしがたい向こう側の存在ないし働きとして捉えられているということである。〝徹底〟とは、「底」に徹すること、何より自己の「底」をうち破りそうしたところにまで達するという営みなのである。(19)

反転とは、そこまで達したとき、その〈他〉を介して、「みずから」がまさに「みずから」の存在、働きとして「荘厳」されてくるということである。もし「どうせ」が「甘え」の裏返しで発せられているとすれば、その「どうせ」には、この〈他〉という契機が欠けている。つねに何ほどかの無傷の自己をとどめているからである。(20)

七　ユーモアの思想表現

最後にユーモアということについてちょっとふれておこう。Humor ist, wenn man trotzdem lacht〈にもかかわらず微笑むこと〉(21)としてのユーモアにもまた、同様の思想・感情の表現を見いだすことができるからである。

たとえば、正岡子規や中江兆民の例を引いておけば、彼らは、死を前にしてなお悠揚迫らず、その死をすら楽しむ境地を見せているというような事柄に関することである。子規は、みずからのいうところの〝客観〟という見方において死を眺めるのであるが、それは「よほど冷淡に自己の死といふ事を見るので、多少は悲しいはかない感じもあるが、或時(あるとき)は寧ろ(むし)滑稽に落ちて独り(ひと)ほゝゑむやうな事もある」(「死後」)(22)という。

この「死後」という文章では、以下、具体的にみずからの死や死後のことについて、〝客観〟的にあれこれユーモアをまじえて叙述してみせ、最後「斯(こ)ういふ風に考へて来たので今迄の煩悶は痕もなく消えてしまふて、すがすがしいえゝ心持になつてしまふた」(同)と述べるのである。子規その人の俳句やいわゆる叙事文の文学も、つまりは同じところからの産物である。その〝客観〟とは、まさに「物になつて見、物になつて行ふ」という認識および実践のことであったといっていいだろう。

あるいは兆民は、余命あと一年半と宣告されて、病床においてなお多々「楽しむ可き有る」ことを実際に著書(『一年有半(ゆうはん)』『続一年有半』)にくりひろげて見せている。それを可能にしたのは、いわゆる「ナカエニスム」という、次のような考え方であった。

世界は無始無終である、すなはち悠久の大有(たいゆう)である、また無辺無極である、すなはち博広の大有である、而してその本質は若干数の元素であつて、この元素は永久遊離し、抱合し、解散し、また遊離し、抱合し、解散し、かくのごとくして一毫(いちごう)も減ずるなく、増すなく、すなはち不生不滅である、草木人獣、皆是物(このもの)の抱合に生じ、解散に死するのである。（『続一年有半』[23]）

人間をふくめて世界の本質を「若干数の元素」に還元するという徹底した唯物論である。当然ここからは、一切の神仏や霊魂の存在は否定される。それは人間の、「死を畏(おそ)れ生を恋ひ、未来に於て尚(な)ほ独自一己の資格を保たんとの都合よき想像、即ち、自己一身に局し、人類に局したる見地」にすぎないと考えたからである。

「もし為すありて且つ楽しむにおいては、一年半これ優に利用するに足らずや。嗚呼所謂一年半も無なり、五十年百年も無なり。すなはち我らはこれ、虚無海上一虚舟」（『一年有半』）。こうした無＝アンチ・ヒューマニズムに徹した立場においてこそ、明治日本に未発の「民権」思想を精力的に鼓吹し、また『三酔人経綸問答(さんすいじんけいりんもんどう)』といった著作などで当時の日本の矛盾する現実を的確に捉えることができたのである。

しかも、そうした重い課題を、「三酔人」に語らせるといった語り口や、印(しるし)ばんてんに腹掛けといった演説スタイル、帝国議会への抗議辞任の際の「アルコール中毒の為め、評決に加わり兼ね候」といった口上など、諧謔味あふれる姿勢でなしえたのである。『一年有半』などにおいて、政治、経済、世相にとどまらず、義太夫、歌舞伎、講談、落語、相撲、さらには食物、服飾、嗜好、等々といった、多方面にわたる飽くことない好奇心を死の直前まで持ち続けることができたのも、そうした姿勢の延長であろう。

以上のような姿勢は、さらに広げれば、『徒然草』の「暫く楽しぶ」ユーモアや、能・狂言の「面白し」や「をかし」、芭蕉の「かるみ」等々とも通底している。そこにはいずれも、厚く硬い固定観念や閉鎖自己を突き抜けた開放・反転のもたらす笑いを見いだすことができるからである。[24] それらもまた、これまで見てきたものと基本的には同質の思想表現ということができるだろう。「人はなお荘厳である」と言いうるものにおいてこそ、〈にもかかわらず微笑む〉ことができる、ということである。それもまた、「空即是色」の彩りのひとつであろう。

II

やまと言葉で哲学する
――「おのずから」と「みずから」の「あわい」で考える

おのずから・みずから・あわい

ここでは、これまでに述べてきたこととともいささか重複するところもあるが、あらためて、「おのずから」「みずから」「あわい」というやまと言葉の一般的な使われ方、とくに古語をふまえての含意を確認しておこう。

まず、「おのずから」から見ていくと、この言葉は古語辞典では、こう説明されている。

おのづから（自然・自づから）
《「己つ柄」の意。ツは連体助詞。カラは生れつきの意》①自然の力。生れつきの力。②自然の成り行きで。自然に。（成り行きから）当然に。③成り行きのままで。④たまたま。偶然に。⑤《仮定条件・推定などの語と共に》ひょっとすると。もしかすると。
（『岩波古語辞典』）

「おのづから」は、もともと「己つ柄」の意で、「柄」は「輩（ヤカラ）」「同胞（ハラカラ）」とか、あるいは国柄、家柄の「柄」だということである。つまり、「己のもって生まれたそのままに」ということで、他の手を加えないで、そのままで、という意味の言葉だと説明されている。

『岩波古語辞典』では、五つの語義が挙げられているが、①〜③は、「自然の成り行きで」「当然に」「自然に」で、今われわれが使っている用法と同じである。が、④「たまたま。偶然に」、⑤「ひょっとすると。もしかすると」になってくると、これは今では使われない用法である。④の語例として挙がっている「おのづから来などもする人」（『枕草子』）は、「たまたま来たような人」の意で、⑤の「（事情ハ）おのづから聞こし召しけむ」（『源氏物語』）とは、「事情はひょっとしていたら聞いておられたのだろうか」という意である。

「成り行きのままに」をはさんで、①〜③の「自然、必然、当然に」という意と、④〜⑤の「偶然に、ひょっとして」という意との、その間の微妙な語感について、具体的な言葉遣いを通して見ておきたい。

たとえば、『新古今和歌集』にも多くの「おのづから」が使われている。五つほど取りあげて見てみよう。

①おのづから涼しくもあるか夏衣日も夕暮の雨のなごりに

②おのづから音するものは庭の面に木の葉吹きまく谷の夕風
③おのづから言はぬを慕ふ人やあるとやすらふほどに年の暮れぬる
④おのづからさこそはあれと思ふ間にまことに人の訪はずなりぬる
⑤あす知らぬ命をぞ思ふおのづからあらば逢ふ世を待つにつけても

①は、夕暮れに、しかも雨が降った、その「なごり」だから、必然に、また当然に「涼しい」ということで、ここには偶然性はふくまれてはいない。②は、音するものは谷の夕風が木の葉にあたるさやさやとする、その音のみで、それが「おのづから」だというのであるから、これは、自然のこととして、風が吹いて木の葉にあたってその音だけがしているというふうに読める。が、あるいは、ふだんは静かだけれど、その時にたまたま風が吹いて木の葉にあたって音がしているとも読めないこともない。その意味では、この「おのづから」には、「自然・必然」とも「偶然」とも読むことができる。

③の「おのづから」は「慕ふ」にかかる。自分から声をかけないでいるが、そんな私を「おのづから」慕ってくれる人もあるかと、ためらっているうちに年が暮れてしまった、と。自分から声をかけずにいたので、やはり当然のこととして来なかったと取ることもできるし、声をかけずにはいたが、しかしそれでも「ひょっとして」慕って来てくれることもあるかとも期待していたと取ることもできる。まったくどちらにも取れる、両義的な使

い方である。

④も同じである。「おのづから」そういうこともあるかなと思っているうちに、実際にあの人は訪れなくなってしまった、と。「さこそあれ」には、「やはり当然」とも取れるし、あるいは「それでも、ひょっとして」とも取れる。

⑤は、明日はどうなってしまうかわからない命も「おのづからあらば」と言っているのであるから、これは明らかに「ひょっとして」生きているということがあるならばの意味である。これは、とくにこの時代以降、軍記物語などでさかんに使われてくる用法で、「万が一」という意味合いをこめた「おのづから」の用法である。

ついでに、同義語として「自然」という言葉についても確認しておこう。

自然

①おのずからであること。②《人力で左右できない事態を表わして》万一のこと。不慮のこと。

（『岩波古語辞典』）

「おのづから」とまったく同じである。①「おのずからであること」とは、自然・必然・当然の意味であるが、②《人力で左右できない事態を表わして》万一のこと。不慮のこと」とは、ふつうの偶然性より、より高い偶然性が意味されている。「自然の事あらん時」

(『保元物語』)とは、「もし万が一のことが起きたときには」の意味である。「自然、鎌倉に御大事あらば」(『鉢木』)の「自然」は副詞で、「もしも万一」の意味である。

今のわれわれには失われた語感であるが、むかしの日本人たちは、「おのずから」、あるいは「自然」に起こることのなかに、必然・当然と同時に、偶然、とりわけ生き死にに関わる「万が一」のことを感じ取っていたということである。

*なお、自然を「じねん」と読むのは呉音読みで、漢音読みの「しぜん」とともに古くから用いられてきた。とくに「仏教関係では「じねん」とよむことが多い。また中世以前では、「ひとりでに、おのずから」の意のときは「じねん」とよむことがふつうで、「万一、ひょっとしたら」の意のときは「しぜん」と読みわけていたといわれる」(『日本国語大辞典』)。

続いて、「みずから」についても見ておこう。

みづから(自ら)
《身つからの意。ツは連体助詞。カラは自体の意》
①(名詞)自分。自分自身。人称に関係なく、その人自体を指す。
②(代名詞)一人称。私。③(副詞)自分自身で　(『岩波古語辞典』)

①の用例として、「みづからの嘆きも無く喜びも無きことを思ひてよめる」(『古今和歌集』)が挙げられ、②には、「みづからはいやしき身なり」(『今昔物語』)が、③には、「みづから其の罪を陳せよ」(『金光明最勝王経』)が挙げられている。これらは、いずれもそのまま現代用法でもある。

『新古今和歌集』「仮名序」で、「そのうへ、みづからさだめ、てづからみがけることは、……」と使われているように、「他人にさせないで、直接自分の手をくだして」という意味の「てづから」と同義で、「みづから」とは、「自分から」、「自分自身の考えや意思をもって」ということであり、同時に、「みづからの歌をのせたること」(同)というように、名詞として、そうする主体そのものをも意味する言葉として使われてきた。

次に、「あわい」についても確認しておこう。

あはひ《アヒ(合)アヒ(合)の約。相向う物と物との間の空間。転じて、二つのものの関係》①向いあった二つのもののあいだの空間。②二つ(またはそれ以上)のものの相互の関係。(イ)配色。釣合い。衣裳の色合いなどにいう。(ロ)人と人との関係。仲。多く、一対の男女の釣合いにいう。(ハ)間隔。

(『岩波古語辞典』)

「あはひ」は、もともと、「合ふ」の連用形「合ひ」を二つつなげた「合ひ合ひ」の約まったもので、二つのものが合う、その相互の関係を表す言葉だということである。『日本国語大辞典』の「あわい」の項では、「あはひ」は、「動詞〈あふ（合）〉に接尾語〈ふ〉の付いた〈あはふ〉の名詞化か」という説をとっている。

「あひだ」も、二つのものの関係や距離を表す言葉であるが、それはもともと「空間について、二つの物が近接して存在する場合、それにはさまれた中間の、物の欠けて脱けているところをいうのが原義」（『岩波古語辞典』）で、「時間に転じては、鳴く鳥の声、波・雨の音などの中断する時。人間生活では休日、恋人と逢えずにいる時など」（同）をいう言葉である。

比して「あわい」は、二つのものが両方から出合いながら、重なったり交わったり、あるいは背いたり逆らったりするという、より動的な状態や関係を表す。AとBとを「あわい」において問うとは、AとBそれぞれ輪郭・概念をはっきり捉えたうえで、その「あいだ」を問うということではない。AはBとの「あわい」においてA、BはAとの「あわい」においてBとしてのあり方を現していくというような、そうした動的な相関として考えるということである。配色や釣り合い、色合いなどにおいて、たがいを「合わせる」ことによって、それぞれがそれぞれとして浮かび上がってくるように、両者を相関において問い直していくということである。

それゆえ、「おのずから」と「みずから」を「あわい」において考えようとすることは、自然と自己、自然と作為といったような、あるきまった概念としての名詞と名詞の二項対立として考えることではない。そもそも「おのずから」も「みずから」も、もともと実体を指す言葉ではない。形容語としての副詞でもある。そうした「二つ」を「あわい」として相関させたときに見えてくるものをあらためて考えようということである。

ちなみに柳田国男は、つとに「あわい」という言葉を取りあげ、これは「あんばい」と同じ根の言葉だとして、こう述べている。

こういうよい言葉（「アンバイ＝アワイ」）、将来使い方によってはどんなにも精確に、学問上の用語にもなりうる一語を、あやふやな状態に捨てておくのは惜しいものです。（『毎日の言葉』[1]）

ここでの議論も、こうした指摘にすこしでも応えようとする試みのひとつである。

さびしい

「さびし（寂し・淋し）」とは、古語辞典では、こう説明される言葉である。

サビ（荒・寂・錆）と同根。本来あった生気や活気が失われて、荒涼としていると感じる意。そして、もとの活気ある、望ましい状態を求める気持でいる意。

（『岩波古語辞典』）

語義としては、①もとの活気が失せて、荒れはてていると感じる。②相手がいなくなって、索莫とした気持である。③孤独がひしひしと感じられる。④ものがなしい。何となく感傷的である、といったものが挙げられている。

本来もっていた生気、活気を失って、荒涼、荒廃した感じがするということで、いわば、「心」が錆びた状態になっているということである。その状態が、「物足りない」「満たされない」「孤独だ」「心細い」と感じられるということである。

「さびしい」とは、たんに荒涼・枯渇しているだけでなく、つねに同時に、「もとの活気ある、望ましい状態を求める気持でいる」感情でもあるということが、この言葉の大事な含意である。さらには、この言葉のもとにある「さび」の、「①荒れる　②ふるくなる　③心にさびしく思う　④（金属などが）さびる　⑤（色などが）あせる　⑥古びて趣がある　⑦修練を重ねて、俗気がなく清らかな精神になる　⑧（歌論用語）物さびれた境地である」（『岩波古語辞典』）といった意味合い（とりわけ⑥〜⑧）も重ねて考えられる必要がある。

「さびし」という感情は、万葉のむかしより、われわれの生と死をかたちづくってきた基本感情のひとつでもあるが、「さびし」はかならずしも全的に厭われてきたわけではない。ある独特のプラス・マイナスの両義的味わいをもつものでもあった。それは時に、以下のように、きわめて積極的な感情として受けとめられてくるものでもあった。

とふ人も思ひたえたる山里のさびしさなくば住みうからまし　（西行『山家集』[2]）

うき我をさびしがらせよ閑古鳥　（芭蕉『嵯峨日記』[3]）

さびしさのうれしくもあり秋の暮れ　（蕪村「夜半亭発句集」[4]）

ここでの「さびし」は、すでに厭われるべき消極感情ではない。西行や芭蕉や蕪村にとってそれは、むしろ選びとられるべきポジティブな感情として歌われている。そうありたい、あれ、と願われているあり方である。いずれも、辞書に挙げられる語義のおもてには直接には出てこないニュアンスであるが、それでありながら、われわれには、十分に理解しうる使い方であろう。

美学者の大西克禮（よしのり）は、「さびしさのうれしくもあり秋の暮れ」を引きながら、以下のように考察している。

――悲哀や憂愁という感情は、たんに誰にも共通の事態としてあるというだけでなく、さらに一歩進んでそこには、それらの感情を通じ貫いて、われわれがこうして生きて存在していることの深い真実にまでふれているという「形而上学的直観」をふくんでいる。それゆえ、それらの感情に、「一種の深い精神的満足の快感に似たもの」が現れるのではないか、と（『幽玄とあはれ』(5)）。

さきに確認したように、「さびし」とは、たんに、「本来あった生気や活気が失われて」、その欠如・荒涼・寂寥を託っているだけでなく、つねに同時に、「もとの活気ある、望ましい状態を求める気持でいる」感情なのである。

「さびしさ」を意識的に歌い続けた若山牧水（ぼくすい）の代表歌にこういう歌がある。

幾山河（いくやまかわ）越えさり行かば寂しさのはてなむ国ぞ今日も旅ゆく　（『海の声』(6)）

この歌の「自歌自釈」として、牧水は、「人間の心には、真実に自分が生きていると感じている人間の心には、取り去ることの出来ない寂寥が棲（す）んでいるものである。行けど行けど尽きない道のように、自分の生きている限りは続き続いているその寂寥にうち向うてれるものでもあった。

の心を詠んだものである」(『牧水歌話』)[7] と語っている。そして、それはさらに、こう語られるものでもあった。

私は常に思っている。人生は旅である。我らは忽然として無窮より生まれ、忽然として無窮のおくに往ってしまう。その間の一歩々々の歩みは実にその時のみの一歩々々で、一度往いては再びかえらない。私は私の歌を以て私の旅のその一歩々々のひびきであると思いなしている。言い換えれば私の歌はその時々の私の生命の破片である。

(『独り歌へる』自序)[8]

「旅の一歩々々」が「その時のみの一歩々々」でありながら、それは「無窮より生まれ……無窮のおくに往」くという道程の、その「生命の破片」なのである。「さびしさ」とは、その欠如・荒涼・寂寥感を深く味わい、歌い、訴えることによって、そこに「無窮より生まれ……無窮のおくに往」くといった大いなる生命を、あらためて感受しうる感情だということである。

こうした牧水のものとほぼ同じような「さびしさ」を、伊藤左千夫は、こう歌っている。

寂しさの極みに堪へて天地に寄する命をつくづくと思ふ

（「信州数日」[9]）

「寂しさ」の極みを耐えていると、この宇宙天地につながっているいのちなるものをつくづくと感ずる、と。斎藤茂吉は、この歌を「さびしさに堪へたる人の又もあれな庵ならべむ冬の山里」（西行）とならべて、その「天然の寂寥相に没入して行く」あり方に、日本文化の「「さびし」の伝統」なるものを指摘している。[10]

西行のこの歌は、さきほどの「とふ人も思ひたえたる山里のさびしさなくば住みうからまし」という歌と同時に歌われているのであり、西行は「さびしさ」をそれとして大事にしていたが、しかしそれは、けっして「さびしい」ままで自足していたということではなく、「さびしさ」を知りつつそれに耐えている人たちと分かち合いたいと願ってもいたということである。

私は文化ということは単に学問の進歩でもなく文明の利器の発展でもないと思う。人間が本来の性質にある哀愁感にもどることが一つの大切な文化的精神と思う。自然の風情はひとつの哀愁感で、恋愛の哀愁と同じように人間に先天的にあるような気がする。

（西脇順三郎「自然の哀愁」[11]）

文化とは、何よりも、人間がもともとその本来の性質としてもっているという「哀愁感」といった感じ方にもどることだというのである。文化の一般論として述べられているが、これはすぐれて日本文化論の特質として考えてみることもできる。

「さびしさ」とは、当面は否定的な感情であるが、それには、それを介することによってしか発現してこない肯定的な価値なり、意味なり、美しさ、面白さというものがあるということである。つまりそれは、いずれも、「おのずから」と「みずから」の「あわい」において発せられ、またより深められてきた感情だということである。

おもしろい

劇作家の井上ひさしに、「むずかしいことをやさしく、やさしいことをふかく、ふかいことをおもしろく」という、有名な、しかしとても示唆的な言葉がある。

私もふだんから人に話すときには、そうしようと心がけているが、これがなかなかむずかしい。「むずかしいことをやさしく」するには、その事柄の意味や本質を熟知していなければできないし、「やさしいことをふかく」するには、さらにより深い洞察や、はば広い知恵が必要になってくる。そして「ふかいことをおもしろく」するには、以上すべてのことを前提にした、ゆたかな表現力や想像力が問われてくるからである

「おもしろし」は、『岩波古語辞典』によれば、「オモは面、正面・面前の意。シロシは白し。明るい風景とか明るいものを見て、眼の前がぱっと開ける意。また、気分の晴れ晴れとする意」が原意とされ、それがやがて、人の心の解放された楽しさ、快さ、感興を表すようになったと説明されている。

つまり、「面白し」とは、まずは「正面、面前」の風景、光景が「白く」見えるという意味である。眼の前がぱっと開ける野や山の様子が「面白い」のであり、月が皓々（こうこう）として輝くのが「面白い」のである。「月のおもしろう出でたるを見て……」（『竹取物語』）などは、この用法である。

奈良から平安時代にかけては、こうした、開け輝く光景の形容としての用法が多かったが、やがて、それらの光景を見た人の気分が晴れ晴れとして、見て楽しい、愉快だ、感興がある、という意味として使われるようになってきたとのことである（大野晋『日本語の年輪』[12]）。

平安時代の『古語拾遺（しゅうい）』[13]という本の「面白し」の語源説も、基本的にこうした説明と異なるものではないが、そこでの「面」は、より限定的に、人の顔色（面）として捉えられている。

――天照大神が天の岩戸に隠れ、世界がまっくらやみになったとき、八百万の神々たちは、岩戸の前で大神のご機嫌を取り持とうと神楽を奏し舞う。やがて岩戸が開かれると、大神の光に照らされて神々の顔面が白く喜びにつつまれ輝き、「あな（非常に）おもしろ」と言ったことから「面白し」という言葉ができた、と。

いずれにしても、まず向こう側に明るく照らし出すものがあり、それをこちら側が見て受けとめ喜び輝くところに「面白し」が成立してきたという理解である。

世阿弥が『風姿花伝』の中で、この『古語拾遺』の「面白し」という言葉の神話的語源説をふまえて、天の岩戸の前で神々が演じた神楽こそが能（申楽）のはじまりだと説いているることは、能理解においても、そうとうに大切なことである。(14)

「面白し」という言葉は、能にとっても、世阿弥にとってももっとも大切なキーワードのひとつである。能では観客に与える感動のことを「花」と喩える。「面白しと見るは、花なるべし（「面白い」と感興を起こさせるものが、つまり「花」なのだ）」、と。能の優劣とは、つまりは、その舞台が「面白い」か、「面白くない」か、ということに決まるということである。

世阿弥は、物まねはどうしたら面白くなるか、観客の様子、時の流れにしたがって演じ方を考えろ、目利きでない客にも面白いと思わせろ、初心のころのつたない技量の自分を忘れるな（「初心忘るべからず」）、すべて見せては感動は生まれない（「秘すれば花なり」）等々、まさに「面白く」見せるための工夫をこと細かに語っている。

しかし、かといって「面白し」とは、たんに観客に受けようとする姑息な手段などではない。その根本は、いったんは姿を隠した天照大神に再びまみえることができた神々の光あふれる表情に使われていたように、この世界の根源に働いている大いなるいのちの働きともいうべきものにふれたときの深い感慨である。工夫とは、その感慨を基本に、それをさらに発現・促進せしめようとする努力なのである。

謡曲の詞章としての「面白し」にも、独特のニュアンスがある。たとえば、「面白や馴れても須磨の夕まぐれ、……あら心凄の夜すがらやな」（「松風」）[15]、「面白の折からや、頃しも秋の夕つ方、牡鹿の声も心凄く……空すさましき月影の」（「砧」）[16]、あるいは、「都の人といひ狂人といひ、面白う狂うて見せ候へ」（「隅田川」）[17]といった使われ方をする。現代語の語感では、「心凄し〔ぞっとする〕」「すさまじ〔荒涼としている〕」や「狂ふ」と「面白や」とはかならずしもなじまない使われ方であろう。

あるいは、「江口」という作品では、「……あらいたはしや候」[18]とあるところが、違う底本では、「いたはしや候」が「面白や候」となっている。底本の異同についてはそれ自体厳密に検討される必要があるとしても、「いたはしや候」と「面白や候」ではあまりにも違いが大きすぎる。

しかし、それはおそらく現代語の「面白い」という語感にとってそうなのであって、そこでは「いたはしや候」を「面白や候」に置き換えてもそれはそれなりに意味の通るような言葉として「面白や」という言葉があったと考えるべきであろう。

「心凄」く「すさまじ」くあることも「面白」いように、「いたはし」くあることもまた「面白」いのである。晩年、ひとり佐渡に流されながら、世阿弥は、「あら面白や佐渡の海、満目青山（まんもくせいざん）、なををのづから」（「金島書（きんとうしょ）」[19]）と述べている。

能の主題は悲しくつらいものが多いが、どんなにそうした思いをしようとも、それらもまたついには、大いなるいのちの「おもしろい」働きのうちにあるという壮大な確信がそこにはある。

井上の言葉には、さらに続きがある。

――「おもしろいことをまじめに、まじめなことをゆかいに、そしてゆかいなことはあくまでゆかいに」。

井上自身の編み出した、いわば、大いなるいのち促進の工夫である。

すむ

「すむ」というやまと言葉には、大きく分けて、以下の三種類の使い方がある。

①澄む・清む

②済む
③住む・棲む

「すむ」という言葉を使ってきた日本人は、これらの「すむ」を重ねて使って不自然でない受けとめ方をしていたのであるし、またそれゆえ、それらを自由に使い分けてもきたのである。

まずは、『岩波古語辞典』によれば、まず①「澄む」「清む」は、「浮遊物が全体として沈んで静止し、気体や液体が透明になる意」と説明されている。たとえば、こういう語例。「博多川、千歳を待ちて澄める川かも」（『続紀歌謡』）。――千年経って濁った川の水がすき透るようになったということである。あるいは、「清くすめる月に」「ものの音すむべき夜のさま」（『源氏物語』）といった語例。光や音に曇りがなくなって冴える様子である。

こうした、濁りや曇りのない透明さを表す①「澄む」「清む」の用法は、空や水、月や音など風物の様子だけではなく、澄んだ瞳とか、澄んだ心などと、人の心や表情のありようなどにも使われている。

そして、浮遊物が沈着・静止するように、いろいろな問題が片づき収まることが、②「済む」である。たとえば、「ここにては……と見ねば済まぬぞ」（『三体詩抄』）とは、ここにおいては……と見なければ決着しない、終わらないということである。

一般的に、物事がすっかり終わること（「契約が済む」）、借りを返すこと（「借金が済む」）、予想していた程度以下や範囲内で収まること（「これだけで済んだ」）を意味している。日本人のあやまり方の代表的な表現である「済まない」「済みません」は、このままでは終わらせない、かならず片をつける、という含みで発せられている。

以上の延長上で、③「住む」「棲む」とは、「あちこち動きまわるものが、一つ所に落ちつき、定着する意」と説明される。「ほととぎす我が住む里に来鳴き……」（『万葉集』）などという言い方は、現在までまったく変わらない使い方である。

世阿弥の祝言能「養老」に、こういう有名な一節がある。

それ行く川の流れは絶えずして、しかも元の水にはあらず、流れに浮かぶ泡沫(うたかた)は、かつ消えかつ結んで、久しく澄める色とかや。（「養老」）[20]

鴨長明の『方丈記』の一節にすこし手を入れたものである。「久しくとどまりたる例なし」を「久しく澄める色とかや（澄んだ色をしていることよ）」と書き換えたものである。つまり世阿弥は、「久しくとどま」らないという無常のあり方そのものに、「久しく澄める」何ものかを見てとっていたということである。水はこんこんと湧き、よどまず流れ行く、そのようにずっと流れ続けているからこそ、澄みわたっているのだ、と。

こうした読み替えと同時に、注目されるのは、「養老」では、この一節は、次のような言葉に続けて語られているということである。

げにや玉水(たまみず)の、水上(みなかみ)澄める御代(みよ)ぞと、流れの末のわれらまで、豊かに住めるうれしさよ、豊かに住めるうれしさよ。（「同」）

「上流がまことに玉のように清く澄んでいるので、下流のわれらもまたゆたかに住むことができる、ゆたかに住むことができる」ということであるが、ここで「すむ」という言葉は、「澄む」と「住む」とにかけられている。

つまり、原義としての「澄む」から、そうした浮遊物が沈着・静止するように、いろいろな問題が片づき収まることが「済む」であり、そうした発想の延長上で、浮遊・変転・動揺・未済なものが何らかのかたちで収まり解決して、静かに定着するという「住む」になるということであった。それは、世阿弥の言う、ひとつの「成就」であり「落居」であるる（第一章四節、および同章註（21）参照）。

くりかえしの確認になるが、この世界、この宇宙の内の森羅万象においては、どんな浮遊・変転・動揺・未済があろうと、それぞれの「みずから」の「其分〳〵の理」の表出は、序・破・急の展開において、やがては大いなる「おのずから」に響き合い、刻み合って、ついには何らかのかたちで「澄み」「済む」ことができる。そして、たとえ、その一隅にではあっても、たしかに「成就」「落居」し、「住む」ということができるのだという、根源的な肯定への確信が世阿弥にはあったということである。

その大いなる「おのずから」の働きのことを、たとえば、空海は「大日如来」と言い、親鸞は「阿弥陀如来」と言っていた。その如来の無量の働きが十全に働いている世界が、〝浄土〟、清らかな澄んだ世界なのである。

いのる

毎年、大晦日から正月三が日にかけて、何千万人もの人々が初詣に参拝する。旧年の感謝をささげ、新年の無事と平安を祈り願うのである。が、その祈りや願いは、何に向かってなされているのかは、あまり意識されることはない。神社であろうと寺院であろうと、お参りの仕方は多少異なるにしても、祈願の対象をこれこれと特定してなされているわけではない（そうでない人も、むろんいるが）。

やまと言葉の「いのる」は、「イはイミ（斎・忌）・イグシ（斎串）などのイと同じく、神聖なものの意。ノリはノリ（法）・ノリ（告）などと同根か。みだりに口にすべきでない言葉を口に出す意」が原義で、のち「神や仏の名を呼び、幸福を求める」意味になったと説明されている（『岩波古語辞典』）。

つまり、もともと「〜を祈る」という直接目的語であったものが、やがて「〜に祈る」という間接目的語になったというのである。祈願の対象を特定しないで祈る背景に、こうした言葉の移りゆきを重ねることもできるが、何に対して祈っているのかがよくわからないのは、宗教以前、あるいは無宗教だという言い方には賛成できない。

宗教という言葉は、明治になって、religion（レリジョン）という言葉の翻訳語として当てられたものである。とりわけ、唯一神信仰の意味合いの強い発想からすれば、そうした言い方にもなるのかもしれないが、それはけっして、いわゆる宗教心、信仰心がないということではない。

そこには、これこれの神、これこれの仏というように、何か個別の神や仏に特定してしまうのではなく、むしろそれらを通して、世界全体に、宇宙全体に働いている何か大きな働きといったようなものがたしかに感取されているからである。

西行作と伝えられているものに、「何ごとのおはしますかは知らねどもかたじけなさに涙こぼるる」という有名な歌がある。何がいらっしゃるのかよくはわかりませんが、畏れ多くありがたくて、ただ涙があふれてくる、と。歌人であり僧侶でもあった西行が、伊勢神宮を参拝した時に詠んだとされる歌である。

「かたじけない」とは、相手に対して畏れ多く恐縮する気持を表す言葉である。そうした畏れ多いと感じ恐縮する気持をもって、この世界や宇宙を動かしている不思議な働き、大きな働きを感じ取っているのである。初詣もまた、そうした働きに向かって、どうかそれがよりよい方に働いてくださいと祈り願っているのである。

年があらたまり、新年正月を迎えると、われわれは、たがいに「おめでとう」というあいさつをするが、そこにも同じ感受性を見いだすことができる。

「めでたい」とは、もともと「愛(め)でる」の「愛で」に、「甚(はなは)だしい」という意味の「いたし」が付いた「めでいたし」の変化したもので、ほめたたえることがはなはだしいというところから、申し分なくすばらしい、喜び祝うにあたいする、という意味の言葉になったものである(『日本国語大辞典』)。

「めでたい」とされる代表事例は、人生の四大儀式とされる「冠婚葬祭」の、「葬」以外の、「冠」(成人など通過儀礼)、「婚」(結婚)、「祭」(年中行事)である。しかし、なかでももっとも多く「おめでとう」という言葉が交わされるのは、やはり正月であろう。それは、「明けましておめでとう」と言うように、年明けを皆で(基本的には家族単位で)迎えられたことを祝う言葉である(それゆえ喪中の人にはこのあいさつは遠慮される)。新年という時間の区切りにおいて、旧年一年の無事を喜び祝い、新年一年の無事を祈る、というあいさつである。

他の冠・婚・祭でも同じである。たとえば、通過儀礼や結婚の「めでたさ」には、そうした時を迎えることができたこと自体の祝いとともに、そこには、かならずやこれからのしあわせへの祈りが込められている。

それゆえ、それらの儀式はふつう神事（仏式）として営まれてきた。ちなみに「いわう」とは、「吉事を祈り喜ぶ。呪術の一つで、祝福すると、その通りの状態が現われるという信仰に基づく」とされるもので、やがて「めでたい物事について、よろこびの気持を、改まった言葉や動作で表わす」（『日本国語大辞典』）こととなった言葉である。

そこには、この世のもろもろの祝い事は、われわれ「みずから」の言葉や動作においてなされるものであるが、同時に、どれほどかはかならず、われわれを超えて働く、この世界や宇宙を動かしている何かしらの「おのずから」の働き――それは、神とも仏とも、お天道様ともおかげともご縁とも、その他、さまざまに言われてきたものである――とあいまってなされるものだという考え方をうかがうことができる。「いわう」とは、「いのる」と不可分の言葉なのである。

このような事情は、「しあわせ」という言葉の成り立ちにおいても同様である。「しあわせ」とは、もともと「為合わす・仕合わす」という言葉からきたものである（『日本国語大辞典』）。つまり、本来は「みずから」の努力によって、「うまく合うようにする」という意味の言葉であった。しかし、やがてそれが「しあわせ」という名詞として使われるようになると、「めぐりあわせること、運、なりゆき、いきさつ」といった意味合いの言葉になってくる。

そこには、結果としての「しあわせ」は、われわれの力だけではない、それを超えた何かしらの働きに大きく左右されるものだという受けとめ方があることが示されている。この言葉は、「よきしあわせ」・「悪しきしあわせ」と、両様に使われてきたものが、「よきしあわせ」をとりわけて「しあわせ」と限定して用いるようになったものである。

つまり、「しあわせ」とは、われわれ「みずから」の「仕合わす」努力を基本にしながらも、同時に、それを超えた「おのずから」の働きを祈り、待つというところに招来される事態だということである。

「こんど結婚することになりました」とか「就職することになりました」という表現は、結婚とか就職といった人生の大きな節目が、たとえそれが自分自身の努力や決断でなされたことであるとしても、それだけでない、自分以上の、自分以外のさまざまな働きとあいまってやっとそうした事態となったのだという受けとめ方があることを示している。

分子生物学者の村上和雄は、遺伝子の研究を通じて心のあり方が遺伝子の働きに影響を及ぼしているとし、こう述べている。

——祈りとは何かと言えば、私たち人間が自分の内や外に存在する「サムシング・グレート something great（偉大なる何ものか）」に向かって語りかけるコミュニケーションだ、と（『人は何のために「祈る」のか』）[21]。

初詣の祈りもまた、すぐれて、われわれを「かたじけなく」感じさせるところの何ものかに「語りかけるコミュニケーション」である。それによって、われわれの心が澄み・済んで（「すむ」）、静まり鎮まって（「しづまる」）くるゆえんである。

いのち

一般に、「いのち」の尊さ、大切さとは、なにがどうあることが尊く、大切なのだろうか。そんなことは、あらためて問いたださなくともどこかでわかっている、直感的に知っていることでもあるが、しかし、現代においては、あらためて言葉としてたしかめてみる必要があることのようにも思う。

「いのち」とは、こう語源が説明される言葉である。

イは息、チは勢力。したがって、「息の勢い」が原義。古代人は、生きる根源の力を眼に見えない勢いのはたらきと見たらしい。（『岩波古語辞典』）

「イは息、チは勢力」、ゆえに「いのち」とは、眼に見えない「根源の力」としての「息の勢い」だという理解である。ちなみに、いのち・霊魂を意味するプシュケー psyche、スピリット spirit も、語源に「息」をふくんでおり、そこには、より普遍的な「いのち」理解があるということがうかがわれる。

あるいは、「主なる神は、土の塵で人を形づくり、その鼻に命の息を吹き入れられた。人はこうして生きる者となった」(『旧約聖書・創世記』)でも同じような発想であろう。「いのち」は、息を吹き込まれることによって「いのち」になる。基本的に唯物論的・機械論的な立場で考えられている現代生物学とはやや異なるところがあるが、生物、生きる、いのちということには、どうしてもこうした発想で語る以外にないものがある。

「いのち」という日本語は、現在、以下のように使われている。

①生物を生かしていく根源的な力。生命。②生涯。一生。③寿命。④一番大事なもの。ただ一つのよりどころ。⑤近世、主に遊里で、相思の男女が互いの名前の下に添えて、「吉さま命」などと二の腕に入れ墨をした文字。心変わりのないことを誓うもの。

(『大辞林』)

「いのち」は、もっとも一般的には、個々の生きているものの「②生涯。一生」や、その長さとしての「③寿命」の意味で使われている。「短いいのちを終えた」や、「いのちの限り」「いのちを長らえる」「いのちが縮む思い」等々、と。ごくふつうに、自分の「いのち」、あなたの「いのち」と考えているところの「いのち」である。

しかし、「いのち」とはそうしたものだけではない。④の用法では、自分の「いのち」ではなく、その自分の「一番大事なもの、ただ一つのよりどころ」にしているものこそが「いのち」とされている。「お前はおれのいのちだ」「いのちとたのむ」「画家にとって絵筆はいのちだ」等々、と。⑤の用法でも同じであるが、「さま」こそが「いのち」なのである。

「いのち」という言葉の、こうした用法にあきらかなように、「いのち」とは、自分の内にあるものだけではなく、自分の外にあって、それがあってこそ自分を生かしめてくれる大事な何ものかをも指す言葉なのである。

①の「生物を生かしていく根源的な力。生命」という用法は、さきに語源でも見たように、本来自分の外にあったものが、自分の内に入り込み、自分を生かしめて「いのち」たらしめている力、働きのことである。

「命」という漢字にも、同様の考え方を見いだすことができる。「命」とは、「口と、人を使う意と音とを示す令とから成り、人に言いつける意を表わす。また、天の支配するところとの考えから、世のなりゆき、人の「いのち」などの意に用いる」(『新字源』)と説明される言葉である。つまり、「命」にも、命令のごとく外からそうせしめられて生きているといった意味合いを読み取ることができる。

ちなみに、胸に手をあててみると、どくんどくんと「みずから」を生かしめている心臓の働きを感じることができるが、それ自体は、どう考えても、「みずから」の意思を超えた生き物一般の「おのずから」の、いわば外の働きである。

木村敏も言うように、「生命そのものは、……いわば、個々の生きものやその「生命」のなかに「含まれ」ながら、しかもそれらを超えている「生命一般」としか言いようのないものである」(『あいだ』[22])というところがある。われわれ一人ひとりが生きているということは、そうしたものとの根源的なつながりを維持しているということである、と。

「みずから」の「いのち」が「おのずから」の「いのち」の所与(与えられたもの)としてあるというのは、単純なことでは、今「あなた」の「いのち」が生きているのは、ほかの無数の「いのち」を食べ、自分の「いのち」として取り入れてきたからだという事実のことでもある。その食べられてしまった無数の「いのち」もまた、ほかの無数の「いのち」を食べ、自分の「いのち」として取り入れてきた。こうして「いのち」の連鎖はどこまでもさかのぼる。

あるいは、今「あなた」の「いのち」があるのは、「あなた」に父・母がいて、彼らから生まれてきたからである。その父・母にもそれぞれ両親、つまり、祖父・祖母がいて、彼らから生まれてきたのであり、その祖父・祖母にもそれぞれ両親、つまり、曾祖父・曾祖母がいて、彼らから生まれてきた。ここでも、こうして「いのち」の連鎖はどこまでもさかのぼる。

つまり、こうしてみると、「いのち」とは、それぞれ個々の「いのち」であると同時に、地球上の「いのち」が発生して以来何億年ものあいだ、「いのち」が「いのち」を生んで流れて来た、いわば「大きないのち」の現れでもある。

作家の高史明(こうしめい)は、こうした「大きないのち」の働きを、阿弥陀如来の働きと捉えている。――こうした「大きないのち」に支えられた「いのち」の力・働きが「優しさ」(慈悲)なのであり、生き物であるかぎり、当然、人間にもそれはもともと与えられている。「無心に笑うみどり児の笑顔の優しさ」に、そのことはよく表れている。「樹を生かし成長させている力が遊ぶ子供らにも同じように感じられ、この力は、生きてあるすべての人の内に等しくある力ではなかろうか」、と(『いのちの優しさ』[23])。

親鸞七五〇回忌の東本願寺統一テーマでは、そのことが、こう表現されていた。

今、いのちがあなたを生きている。

たましい

令和二年の冬に、『魂と無常』（春秋社）という本を上梓した。「魂（たましい）」、とりわけ死後のそれを、どう考えたらいいのか、学問として言えるところまで言おうと思って書いた。むろん、こうした問題に最終的な結論などありえようはずがない。その意味でも「魂（たましい）論の現在」ということであるが、そこでも議論の柱のひとつは、「おのずから」と「みずから」の「あわい」であった。その点に限定して簡単にまとめておきたい。

まずは、「たましい（魂）」という言葉の辞書的な意味について整理しておこう。『広辞苑』によれば「たましい」とは、まず、「①動物の肉体に宿って心のはたらきをつかさどると考えられるもの。古来多く肉体を離れても存在するとした。霊魂。精霊。たま」と説明されている。

「魂（たましい）」の第一義は、肉体や心などの根本をつかさどって、その人をその人たらしめている肝心な何ものかということである。「魂が抜ける」とは、その肝心な何ものかがなくなることであり、「魂を入れ替える」とは、根っこからその人を変えることを意味する。

こうした、それなしではそのものがありえないくらい大事なものの比喩表現として、「刀は武士の魂」という用法や、「やまと魂」とか「記者魂」とかの形で、そのもののもつ固有性や属性を表す用法も古くから使われてきている。

そして、そのような意味から、「②精神。気力。思慮分別。才略」、「③素質。天分」といった用法が派生している。そのもの固有の威力・エネルギーや働き、また、才能を表す言葉で、「魂をこめる」とか「三つ子の魂百まで」などと使われている。

こうした整理においても、すぐに問題になるのは、「魂」は、もともと「肉体に宿って心のはたらきをつかさどると考えられるもの」としての意味を持ちながら、それが同時に「古来多く肉体を離れても存在するとした」というところであろう。

まずは、一方で「魂」は、その人の「肉体に宿って心のはたらきをつかさどる」ことにおいて、より十全なその人らしいあり方として、「魂ある」「魂の座った」、あるいは、「魂おはす」、「魂深し」、「魂太し」といった言い方が一般的にされている。

が、もう一方では、たとえば、「恋しきにわびて魂迷ひなば……」（『古今和歌集』）とか、「物思へば沢の蛍（ほたる）もわが身よりあくがれいづるたまかとぞみる」（『後拾遺和歌集』[24]）といったように、あまりに恋しくてつらくてとか、物思いに「あくがれ」出てとかと、さまよい出てしまうものでもあった。嫉妬で生霊になってしまうものもあった。肉体を離れてしまう魂は、遊離魂（ゆうりこん）と呼ばれている。その多くが、自分の心や意識のレベルでは統制の利かない、過剰なものとして出て行ってしまうものであった。

つまり、魂という言葉は、その人をその人らしくあらしめる、いわば個人格をつかさどる働きをもつものとしてあるというあり方と、どうにもならずにそこから遊離してしまうというあり方とが、二つながらに語られてきたということである。

これら二つのあり方は、相矛盾するようであるが、むろん、まったく異なる事態ではない。意識の表層レベルではなく、根底からその人をその人たらしめる肝心な威力ある何ものかだからこそ、ときにあるいは表面的な取り繕いを超えて、当人にもどうにもならずにさまよい出てしまうということであろう。激しい恋やあこがれ、嫉妬・屈辱などにはよくあることである。

吉田松陰は、魂を大事な言葉として使った思想家であるが、彼のいう魂とは、たとえば、「かくすればかくなるものと知りながら已(や)むに已まれぬ大和魂(やまとだましい)」と歌われるようなものであった。これは、泉岳寺で赤穂浪士を歌ったものであるが、松陰もまた、このあと同じように、「已むに已まれぬ」思いで決起し、捕らわれて処刑される。そうした「已むに已まれぬ」ことを[25]やっているという、内からこみあげてくるもの、それが魂の働きなのだということである。

つまり、魂とは、その人をその人たらしめるもっとも大事な何ものかであると同時に、それは、当人をすら超え出て働く、あるいは、超え出たところから働いてくる何ものかとしてあったということである。松陰はそうしたあり方を「誠」と言っている。「誠」とは、自己の内から出て来るものでありながら、自己を超えた何ものから急き立てられてくるものである（「自発」の構造）[26]。

しかし、こうした、やむをえず出て行ってしまう場合とならんで、というより、より一般的に、魂が肉体を離れてしまうのは、死という、これまた自分にもどうにもならない、やむをえない事態においてである。

折口信夫は、「人間のたましひは、いつでも、外からやつて来て肉体に宿ると考へてゐた。そして、その宿つた瞬間から、そのたましひの持つだけの威力も、宿られた人が持つ事になる。又、これが、その身体から遊離し去ると、それに伴ふ威力も落してしまふ事になる」とまとめている（「原始信仰」[27]）。

いわゆる「魂振り」・「魂鎮め」の儀式も、こうした魂の威力性、また遊離性に基づいて営まれてきた。いずれにしても、魂が肉体から離れ去ることが確定することで死が認定されていたのであるが、死んで離れた魂のゆくえは、『万葉集』挽歌以来の伝統では、およそ、近所の野辺や山、海浜などの雲や霞、霧になって（あるいは、まぎれて）漂っているものとされてきた。

やがて、中世終わりごろから近世にかけて、各家にも墓地や仏壇などが普及してくると、魂は、それらにいわば基地として、山や野や雲のあいだから戻ってきたり、離れたりしたりするように考えられてきている。つまり、家や村との結びつきをもった祖先神としての様相を現してくるのであるが、しかし、その際にもなお、最終的な枠組みとしては、天地・自然の働きのなかでのものと考えられていた。

柳田国男の魂論『先祖の話』[28]でも、かつては「人のあまり行かない山の奥や野の末に、ただ送つて置いてくればよかつた」という葬り方も、やがて墓や仏壇などもでき共同体的な営みになってきたが、しかしそれでも最後は、魂はけがれや悲しみから清まり、高い山や空、海といった「一続きの広い通路」を「自由に去来」するものになるとまとめられている。あらためて、そうした視点から確認しておこう。

たとえば、「かりそめにしばし浮かべる魂のみなあわとのみ譬(たと)へられける」(『赤人集』[29])では、魂が「かりそめにしばし浮かべる」ものとして水の「あわ」のごときものと譬えられている。またたとえば、「置く露を我が魂としらねばやはかなき世をも厭(いと)はざるらん」(『堀河百首』[30])では、魂とは「置く露」のようなものだと知らないから、この「はかなき世」を厭わないでいるのだろうか、と歌われている。肉体のみならず、魂そのものが泡や露のごときものとして、その無常性が感じ取られていることに注意しておきたい。

魂の無常性の認識は、しかし、たんなる「はかなさ」の感得ではない。自然から来たものがまた自然へと帰ることが、人の生き死にであるという、こうした魂の捉え方は、またたとえば、「天地の間に隔てなき魂をしばらく体のつゝみをるなり」（『志濃夫廼舎歌集』(31)）というように、人が生きるというのは、「天地の間に隔てなき魂（天地の間を自由に悠久に動いている魂）」を、しばらく肉体が「つゝみをる」状態なのだ、という考え方につながっている。

それぞれ個別の肉体に留まっているときばかりではなく、そこから来たものがそこに戻る「そこ」でのあり方をもふくめて魂と言っているということである。「天地の間に隔てなき魂」である。

漢字「魂」の成り立ちも、そうした発想を傍証している。漢字「魂」は、「云」と「鬼」を合わせた会意文字。「云」は「雲」のもとの形で「雲気（雲。また雲状のもの）の形」で、「人のたましいは、死後に雲気となり、霊界に入る」とされている（白川静『常用字解』）。

以上、確認しておけば、魂とは、それぞれの人やものに宿り、そのものとして肝心で固有な素質や威力を現し、またときには、そのものすら超えて働きだしたりし、やがて死ぬという事態においては、そこから去って、もと来たところへと帰っていく何ものかとして受けとめられていたということである。

以下、もうすこしわれわれに近いところで具体的に見ておこう。

川端康成の初期の代表作「抒情歌」(32)に、「魂という言葉は天地万物を流れる力の一つの形容詞に過ぎないのではありますまいか」という言葉がある。

この作品は、「死人にものいいかけるとは、なんという悲しい人間の習わしでありましょう」と書き始められ、それに続けて、「けれども、人間は死後の世界にまで、生前の人間の姿で生きていなければならないということは、もっと悲しい人間の習わしと、私には思われてなりません」と、死後の魂のゆくえについて、以下のように思い描いている。

……人間の霊魂のことを考えました人達は、たいてい人間の魂ばかりを尊んで、ほかの動物や植物をさげすんでおります。人間は何千年もかかって、人間と自然界の万物とをいろいろな意味で区別しようとするほうへばかり、盲滅法(めくらめっぽう)に歩いて来たのであります。そのひとりよがりのむなしい歩みが、今となって人間の魂をこんなに寂しくしたのではありませんでしょうか。……魂という言葉は天地万物を流れる力の一つの形容詞に過ぎないのではありますまいか。

「魂という言葉は天地万物を流れる力の一つの形容詞に過ぎないのではありますまいか」という、その魂とは、天地の上に現れ出でた何らかの意味で忘れがたい「一つ」の謂(い)いでありながら、同時に、それをそう現出せしめながら、なおついには、けっして「一つ」の実体（名詞）たらしめない、大いなる「天地万物を流れる力の一つの形容」にすぎないものであるということである。

川端は、親友の作家の横光利一の弔辞として、こう述べている。

……また今日、文学の真中の柱ともいうべき君を、この国の天寒く年暮るる波濤のなかに仆す我等の傷手は大きいが、ただもう知友の愛の集まりを柩とした君の霊に、雨過ぎて洗える如き山の姿を祈って、僕の弔辞とするほかはないであろうか。

横光君

僕は日本の山河を魂として君の後を生きてゆく。幸い君の遺族に後の憂えはない。[33]

「天地万物を流れる力の一つ」といった考え方については、たとえば、哲学者の磯部忠正は、日本人の無常感を論じながら、こう述べている。

いつのまにか日本人は、人間をも含めて動いている自然のいのちのリズムとでも言うべき流れに身をまかせる、一種の「こつ」を心得るようになった。己れの力や意志をも包んで、すべて興るのも亡びるのも、生きるのも死ぬのも、この大きなリズムの一節であるという、無常観を基礎とした諦念である。

（『「無常」の構造——幽の世界』）[34]

「天地万物を流れる力」は、ここでは、「自然のいのちのリズムともいうべき流れ」とされる。それはたとえば、風や川の流れや、月の満ち欠けや季節の移り変わりでもあるような、生き物の根源に働く「おのずから」の働きであるが、われわれ「みずから」の力や意志をもふくめて、われわれの生き死には、すべてこの「大きなリズムの一節」であるというように受けとめる諦念があるというのである。

ここには魂という言葉はないが、磯部は、「おのずから」の「自然のいのちのリズム」が働いている世界を「幽の世界」と名づけ、魂はそこに住んでいるという。その「幽の世界」は、われわれのこの世である「顕の世界」と別々にあるのではなく、二重重ねに貼りつき根底をなしているという。むろん、念頭には平田篤胤や折口信夫、また、柳田国男らの国学的発想がある。

――「幽の世界」（幽世（かくりよ））とは、「あの世」であるが、それは仏教の説く彼岸ではない。「この世」としての「顕の世界」（現世（うつしよ））と重なってある世界であるが、こちらからはあちらは見えない、あちらからこちらは見える。そうした二重重ねの世界に魂は行く（平田篤胤『霊の真柱（たまのみはしら）』）[35]。

まとめておこう。「たましい（魂）」とは、まずは、それぞれ一つひとつの「一節」の「一」としての、唯一無二、一回かぎりの何ものかとして存在したり、働いたりするものであるが、同時に、それを根源において、そう存在せしめ、輝かしめる（が、一方で、それを壊し、滅ぼしもする）ような大きな何ものかの存在や働きでもある。唯一無二、一回かぎりの個と、大いなる何ものかとの矛盾と統一。そこにこそ、「たましい」のかけがえのなさと潑剌とした輝きとを感じ取ることができる。(36)

「おのずから」と「みずから」という言い方で確認しておけば、われわれの「みずから」は「おのずから」でありつつ、かつ、ないということであり、「たましい」とは、まさにそうした「おのずから」と「みずから」の「あわい」に働く何ものかのことである。

かなしい

わが国の歌や物語、種々の芸能において、どれだけ多くの「かなしみ」が取り上げられてきたか、あらためて確認するまでもないことであろう。それらの「かなしみ」は、かならずしも厭うべきもの、触れたくないものとしてのみ描かれてきたのではない。むしろ、ある意味で日本人は、この感情を積極的に享受し表現してきたということもできる。本来、否定的な感情であるはずの「かなしみ」に深く親和してきた日本人の心のあり方は、どのような考え方・感じ方に基づいているのだろうか。

「かなし」の語源は、『岩波古語辞典』によれば、語幹カナが、「……しかねる」のカネと同根とされるもので、何事かをなそうとして力およばない、届かないという切なさを表すとされている言葉である。大事な人やものを失ったり、別れたりして、みずからの有限性や無力性を深く感じとる意味での「かなし」は、万葉のむかしから現在まで、もっとも一般的に使われてきた用法である。

しかし古くは、「ひとつ子にさへありければいとかなしうし給ひけり」(『伊勢物語』)というような、いとおしい、かわいくてたまらないといった「愛し」という用法もごくふつうに使われていた。(それも、「……しかね」ているあり方である。つまり、何をしても足りないほどかわいがっている、あるいは、どんなにかわいがっても足りないという、及ばなさ・切なさが「愛し」なのである)。

さらにはまた、「うらうらに照れる春日にひばりあがり心かなしもひとりし思へば」(大伴家持『万葉集』)というような、宇宙・自然の中に生きていることについての、しみじみとした思いを表す用法などもあった。

こうした広く深い意味を持つ「かなしい」という感情は、日本人の生き方や死に方を考えるうえで、きわめて大切な問題を多くふくんでいる。

哲学者の西田幾多郎は、「哲学の動機は「驚き」ではなくして深い人生の悲哀でなければならない」(37)と言い切っている。哲学のみならず、宗教もまた、そうである、と。

「今まで愛らしく話したり、歌つたり、遊んだりした者が忽ち消えて壺中の白骨になると云ふのは、如何なる訳であらうか。もし人生がこれまでのものであると云ふならば、人生ほどつまらぬものはない。此処には深き意味がなくてはならぬ」(前出「『国文学講話』序」)[38]。西田哲学とは、こうした「かなしみ」を見つめていく中で、そこにどうしてもなくてはならないという「深き意味」というものを考える営みであった。その「かなしみ」には、「愛しみ」の意味が十分込められているし、また同時に、宇宙・自然の中に生きていることの意味も問われている。

さきに見た作家の国木田独歩もまた、「かなしみ」という感情の「深き意味」を問うた文学者である。独歩の代表作のひとつに「忘れえぬ人々」という作品がある。

――これまでの半生で、自分は多くの人々に出会ってきたが、親とか子とか友人知己とかは除いて、どうしても忘れることができなかった人々がいると、そうした何人かの「忘れえぬ人々」について語ってきて、最後にこう書きつけている。

　そこで僕は今夜のような晩に独り夜ふけて灯に向かっていると、この生の孤立を感じて堪え難いほどの哀情を催して来る。その時僕の主我の角がぽきり折れてしまって、何だか人懐かしくなって来る。いろいろの古い事や友の上を考えだす。その時油然として僕の心に浮かんで来るのはすなわちこれらの人々である。そうでない、これらの人々を見た時の周囲の光景の裡に立つこれらの人々である。我と他と何の相違があるか、みなこれこの生を天の一方地の一角に享けて悠々たる行路を辿り、相携えて無窮の天に帰る者ではないか、というような感が心の底から起こって来て我知らず涙が頰をつたうことがある。その時は実に我もなければ他もない、ただ誰も彼も懐かしくって、忍ばれてくる。

僕はその時ほど心の平穏を感ずることはない、その時ほど自由を感ずることはない、その時ほど名利競争の俗念消えてすべての物に対する同情の念の深い時はない。

（「忘れえぬ人々[39]」）

ここで「僕」は、「この生の孤立を感じて堪え難いほどの哀情」を感じている。しかしそうした「かなしみ」の中で、なお「みなこれこの生を天の一方地の一角に享けて悠々たる行路を辿り、相携えて無窮の天に帰る者ではないか」と、宇宙・自然に包まれてあることの、ある種の平穏さ・自由、さらにはまた、同じ境遇にある他者への「同情の念」といったものを可能にしているのである。

「かなしみ」は、けっしてたんなる否定感情ではない。国木田独歩の友人であった思想家・綱島梁川は、より明確に、こう述べている。

……見よ、悲哀を超越する解脱の鍵は世の永劫の初めより窃かに悲哀そのものの中に置かれたるにあらずや。悲哀はそれ自らが一半の救なり。……神はまず悲哀の姿して我らに来たる。悲哀のうち、空ずべからざる一味の権威あり。我らは悲哀を有することにおいて、悲哀そのものを通じて、悲哀以上のあるものを獲来たるなり。……悲哀はそのもの既に一恩寵なり、神人感応の一証果なり。（『心響録』(40)）

もし神や仏というものが存在するならば、それは、まず悲哀の姿をしてわれわれに来るものなのだ、と。それゆえ、悲哀があるということは、それ自体がすでに神と人間とのあるやりとりの現れなのであり、悲哀というものを持つこと、それがすでになかば「救」なのだ、というのである。

このように、「かなしみ」は、それを感受し表現することを通して、生きる基本において大切な、他人との共感や、また神や仏（あるいは、宇宙・自然の「おのずから」）といった存在や働きへとつながることができる感情だとも考えられてきたのである。

今われわれは、「かなしみ」の持っていた、こうした意味や力を、あらためて見なおしてみる必要があるのではないか。

問題は、「かなしむな」ではなく、きちんと「かなしめ」ということである。

あきらめる

二〇一一年の東日本大震災のときに被災者が、炊きだしなどで整然と静かにならび、互いにいたわり合っていた様子が世界に発信され、大きな驚嘆と賞讃をもって受けとめられた。「人類の誇りであり、世界にとって意味がある」（マイケル・サンデル）とも。その直後にスペインの「カタルーニャ国際賞」を受賞した村上春樹は、日本人の「はかなさの認識」は、「日本文化の基本的イデアのひとつ」だとして、こう述べている。

> 「すべてはただ過ぎ去っていく」という視点は、いわばあきらめの世界観です。人が自然の流れに逆らっても所詮は無駄だ、という考え方です。しかし日本人はそのようなあきらめの中に、むしろ積極的に美のあり方を見出してきました。
>
> （「非現実的な夢想家として」[41]）

日本人が、桜や蛍や紅葉を愛（め）でるのも、それらが「ほんの僅（わず）かな時間のうちにその美しさを失ってしまうから」で、それを見てそのことを確認することで、「むしろほっとする」からだ、と。村上は、それを「あきらめの世界観」と言っている。「日本人はそのようななあきらめの中に、むしろ積極的に美のあり方」や「滅びたものに対する敬意」、「前向きの精神性」といったものを見いだしてきたというのである。問題は、この「あきらめの世界観」である。

九鬼周造は、日本の思想文化の大事な要素として「自然」「意気」「諦念」の三つをあげている。「自然」という「おのずから」と、「意気」という「みずから」、そして「諦念」という「あきらめ」とが、われわれの発想の基本性格としてあるというのである（「日本的性格[42]」）。

たしかにわれわれは、（「あきらめが肝心だ」とも「あきらめては駄目だ」とも、プラス・マイナス両様に使うが、いずれにしても）生きる姿勢の根本に関わるところで、この言葉を使ってきているように思う。

「あきらむ」とは、「明らむ（明ラカニ見ル）の語意の転」（『大言海』）で、ものごとを明らかにするというのがもともとの意味である。漢字では、「諦」という字が当てられてきた。「諦」とは、「言」に「帝」という成り立ちで、ものごとをとりまとめて見通した真相という意味の語である（『漢字源』）。

とくに仏教語で「諦」は、真理・悟りを意味する。「四諦」というと、四つの真理ということであるし、道元の、有名な「生を明らめ、死を明らむるは仏家一大事の因縁なり」（『正法眼蔵[43]』）という言い方での「明らめ」は、生や死の何たるかを明らかにするという意味で使われている。

しかし、日本人がふつうに使ってきた「あきらめ」とは、かならずしもそうした「明らめ」「諦め」ではない。仕方がないと思い切る、断念する、という意味での「諦め」である。むろんそこにも、「明らめ」という原意は残っている。どうにもならないことをどうにもならないこととして明らかにし、それを受けとめているという意味で、それは一種の「明らめ」だからである。

今遭遇しているその事柄が、その人にとってほんとうにどうにもならないことなのか、仕方がないことなのかは、その時の「明らめ」如何（いかん）による。その「明らめ」によって、「諦めろ」とも「諦めるな」とも、異なる判断・決断がなされるのである。

しかし、個々人の個々の事柄というレベルをこえて、この世には生きる者すべてにとってどうにもならない必然の事柄というものがある。たとえば、生・老・病・死をはじめとする、無常という事態である。

『万葉集』以来それは、「せむ術なし（仕方がない）」という言い方で訴え続けられてきた。「世の中の術なきものは、年月は流るるごとし……命惜しけど せむ術もなし」（山上憶良）、「うつせみの借れる身なれば　露霜の消ぬるがごとく……跡もなき世の中なればせむ術もなし」（大伴家持）、等々と。

しかし、そこでの「せむ術なし」という「諦め」は、かならずしも、いわばひりひりとした自棄・絶望の淵へと落とし込むものだったわけではない。そうした断念、思い切りの中で、なお、ある種たしかな受けとめ手のようなものを感じとっていたからである。

つまり、そこでの「諦め」とは、事に対しての、それ以外の仕方のなさということの承認でもあり、それをそうあらしめている大いなる働きの感受ということでもあった。

あらゆるものが移り変わるという無常は、同時に、それをも包み込んで働く「自然」の「おのずから」の受けとめでもあった（第一章四節「無常と「おのずから」」参照）。親鸞は、それを阿弥陀如来の働きと言い、本居宣長は、神々の働きと言っていた。

壮絶な闘病生活を送った正岡子規は、そうした感受性において、

> 死生の問題は大問題ではあるが、それはごく単純なことであるので、一旦あきらめてしまへばすぐに解決されてしまふ。（「病牀六尺（びょうしょうろくしゃく）」[44]）

と言いえたのであるし、死生の問題に苦しんだ田山花袋は、最後には、

> ……あきらめを人はよく消極的だと言つて笑ひますが、……努力の空しいことを感ずる心に、始めて広い空間が開らけて来る。（「広い空間」[45]）

と、言いえたのである。

九鬼周造は、日本人に独自な美意識「いき（粋）」を分析して、つやっぽい色気のある「媚態（びたい）」と、相手にもたれかからない心の強みとしての「意気地」が基本だと言う。が、それだけでは、むしろ「いき」の対極である「野暮（やぼ）」になってしまうとして、もうひとつ大事な要素として、「あっさり、すっきり、瀟洒（しようしや）たる心持」としての「諦め」をあげている。(46)

根底に「諦め」がなければ、「いき」にはならない。生き生きと生きる「いき」な人は、どこか「諦め」ているということである。

はかない

すこし前のことになるが、あるシンポジウムで発表された数字は衝撃的であった。

――ある全国アンケートで、小学五、六年生と中学生に、「あなたが生きている間に人類は滅びると思うか」と訊いたところ、小学生の半分以上、中学生、とくに男子は六割に近い割合でイエスと答えていたというのである（竹内整一編『無根拠の時代』(47)）。

むろんそれは、子どもたちの問題だけではない。子どもたちにそうした思いを抱かせているような大人たちのあり方でもある。最近はとくに中高年の自殺も目立ってきている。

ある、ぬぐいがたい「はかない」気分のようなものが、この社会全体に漂っているということである。

このような思想状況をどう考えたらいいのだろうか。こうしたことも念頭に、「はかない」ということについて考えてみよう。

「はかない」とは、もともと「はか」が「ない」ということである。「はか」とは、「イネやカヤなどを植え、また、刈ろうと予定した範囲や量」のことで、「はかがいく」「はかどる」の「はか」のことである。つまり、「はかｰない」とは、基本的に「つとめても結果をたしかに手に入れられない、所期の結実のない意」で、「これといった内容がない。手ごたえがない。あっけない」という意味になった言葉なのである（『岩波古語辞典』）。

さらに、「はかない」には、「はかる」ことができないという意味合いもふくまれる。「はかる」とは「はか」の動詞化したものであり、そのさまざまな「はかる」に対応して、それが「できない」ところに、「はかｰない」という状況が生まれてきたということである。

さて、その「はかる」は、きわめて多様な意味をもっている。漢字で見るとわかりやすい。まず、ものごとを計量するという「計る」「量る」「測る」がある。つぎに、そうして計量したものをもとに、あれこれ調整・案配したり推測したりする「衡る」「忖る」や、

「会議にはかる」の「諮る」がある。そして、そうしたものをまとめて何ごとかをもくろみ企てるという「図る」「策る」、さらには「謀る」がある。

つまり、「はかる」ということは、人がある意図・計画をもって生活するときには、かならず求められる基本的な営みということができる。そして、とりわけそうしたことが突出して強調されてきたのが、近代・現代の科学技術的な考え方なのである。

科学技術の基本的な発想は、ものごとをすべて「はかり」にかけ、数値（デジタル）化し、それをもとに目標を立て未来へと向かっていくというところにある。

そうした「はか」あることが第一義となっている社会が、いわゆるビジネス（busy＝忙しい）社会ということで、そこでは、何より「はかる」こと、「はか」ばかしく結果を手に入れることが求められてきたのである。しばらく前までの、日本の母親の叱り言葉の第一位が「早くしなさい」だったのは象徴的である。

しかし現在、そうした「はか」あることだけを求める考え方の根幹がぐらついてきた。環境問題やエネルギー問題もからんで、ひたすら未来にむかって成長目標を立て、結果・成果のみを手に入れようとする発想が頭打ちになってきたということである。その意味でも「はか－ない」状況が現出してきているのである。

「はかなさ」は、基本的にはむろんネガティブな意味内容をもっているが、しかし同時に、そこにおいてこそ可能であるような、何かしらポジティブなものを見いだすことができる思想感情でもある。つまり「はかない」ということは、単なる気分ではなく、それをそれとしてきちんと自覚することにおいて、これまでの「はか」第一主義のビジネス社会の「忙しさ」のなかで、心亡ぼしてきた――〝忙〟という漢字は心亡ぼすという意味でもある――何ものかを取りもどすことができるのではないかということである。

近代日本の出発点で、東洋・日本の美を西欧に紹介しようとした岡倉天心は、こういう言い方をしている。

はかないことを夢に見て、美しい取りとめのないことをあれやこれやと考えようではないか。（『茶の本』[48]）

あえてなされたこうした言い方には、あらためて、生きるこの人生の「はかなさ」を積極的に受けとめようとする決意をうかがうことができるが、それは、「茶道の要義は「不完全なもの」を崇拝するにある。いわゆる人生というこの不可解なもののうちに、何か可能なものを成就しようとするやさしい企てである」（同）といった茶道理解の本質にもつながる。

「はかなさ」とは、まずもって、そうした「不完全さ」を感得する感受性である。が、かといってそれは、「不完全さ」のままに停滞・揺蕩するということではない。「「不完全なもの」を崇拝」しつつ、そのうちに何かしら「可能なもの」を成就すべく「やさしく」企てられているのが茶の道だというのである（「やさしさ」とは、人の弱さや傷つきやすさなど「不完全」なことに敏感なことであり、そこに、ひかえめに、わざとらしくなく関わっていくことのできる能力である。拙著『「やさしさ」と日本人』参照）。

そのことはさらに、「真の美はただ「不完全」を心の中に完成する人によってのみ見いだされる」、「何物かを表わさずにおくところに、見る者はその考えを完成する機会を与えられる」、「「不完全崇拝」にささげられ、故意に何かを仕上げずにおいて、想像の働きにこれを完成させる」、等々と説明されてくる。

『茶の本』に一貫している、こうした考え方は、同時に、東洋・日本の美の要諦でもあると捉えられているが、いうまでもなくそれは、ひとり天心の発明ではなく、無常感といわれてきたものの美学の、いわば近代的な整理の仕方にすぎない。「西行の和歌における、宗祇の連歌における、雪舟の絵における、利休が茶における、其貫道する物は一なり」（芭蕉「笈の小文」[49]）の「一」の中身の問題である。

中世までにできあがってきた日本の代表的な美的理念のひとつである「幽玄」とは、「詞に現れぬ余情、姿に見えぬ景気（言葉にはこれこれと語られない余情、姿の上にはっきりと見えない気配・雰囲気）」（鴨長明『無名抄』[50]）と説明されるものである。

「雨にむかひて月を恋ひ、たれこめて春の行方知らぬも、なほあはれに情けふかし。咲きぬべきほどの梢、散りしをれたる庭などこそ見所多けれ」（『徒然草』）などは、その好例であろう。満開や満月の「完全なもの」だけに執着するのではなく、「はかなく」移り行くものとして、そこに身をそわせることにおいて見いだされてきた美のあり方である。「世はさだめなきこそいみじけれ（世は「はかる」ことができないからこそ味わい深いのだ）」、と。

「幽玄」を大切な美のひとつと説く世阿弥らの能では、さらに、「秘すれば花なり。秘せずは花なるべからず」（『風姿花伝』）とも説く。観客にあたえる能の美しさとしての「花」は、すべてをあからさまに表現するところにではなく、切りつめられた表現、秘められた表現にこそ咲くというのである。

むろん「わび」茶にも、同様の趣向がある。「わび」とは、派手で豪華なものに対して、質素で欠落したものの中に求められた美であるし、「わび」と並び称されてきた「さび」もまた、閑寂・枯淡な味わいのうちに、より洗練された美を味わおうとするものであった。

以上のような美意識は、いずれも、いうなれば「不完全なもの」を崇拝しつつ、「人生というこの不可解なもののうちに、何か可能なものを成就しようとする」ところに発見された美ということができるであろう。

「はかないことを夢に見て、美しい取りとめのないことをあれやこれやと考えようではないか」とは、そうした覚悟の表現なのである。

まとめておこう。「はかない」とは、次のようなことを可能にする感受性でもある。

ひとつは、今ここにある「みずから」の存在やその営みが、けっして「はかる」ことのできないかけがえのないものであるということの感受、つまり、ひたすら結果・成果のみへと「はかる」ことではない、今ここにあること自体の一回性の尊さ・いとしさ・おもしろさの感受が可能であるということである。

もうひとつは、そうしたことを感じ取るということは、同時に、「みずから」を包み込んである、「はかる」ことのできない何ものか（「おのずから」、神や仏）の働きの感受でもあるということ、である。

「はかない」という「みずから」のあり方の有限性や否定性を介さなければ現れ出てこない価値や意味、あるいは、美しさというものがあるということである。

前項で見たように、村上春樹は、「カタルーニャ国際賞」記念講演で、こう述べている。

> ……我々は、無常（ｍｕｊｏ）という移ろいゆくはかない世界に生きています。生まれた生命はただ移ろい、やがて例外なく滅びていきます。大きな自然の力の前では、人は無力です。そのような儚さの認識は、日本文化の基本的イデアのひとつになっています。しかしそれと同時に、滅びたものに対する敬意と、そのような危機に満ちた脆い世

界にありながら、それでもなお生き生きと生き続けることへの静かな決意、そういった前向きの精神性も我々には具わっているはずです。（村上春樹「非現実的な夢想家として」）

「効率」や「便宜」という名の「現実」に立ち向かう倫理を、「移ろいゆくはかなさ」を感受する無常感を「日本文化の基本的イデア」と結びつけて再生させようとしたのである。

III

総括提題　「おのずから」と「みずから」の「あわい」

一　「おのずから」と「みずから」の「あわい」というテーマ

この場は、東京大学大学院人文社会系研究科「多分野交流演習」の今年度最初の時間です。今日は私の方から、「おのずから」と「みずから」の「あわい」というテーマでお話しします。二〇〇四年の二月に、私は、『「おのずから」と「みずから」』（春秋社）という本を書きました。その後すぐあとに、「公共哲学」京都フォーラムを主宰しておられた金泰昌氏に、この本について丁寧な批評をしていただきました。そこでのやりとり、こうした問題の新たな思想可能性について、じっくりと研究して行こうと提案されました。

そこで翌年、二〇〇五年の二月の研究会を始めとして、その後、二〇〇九年までに、都合四回にわたって、京都フォーラムでこの問題で議論してきました。

ここには、坂部恵、内山節、窪田高明、清水正之、佐藤康邦、氣多雅子、今村仁司、頼住光子、吉村均、宮野真生子、田中久文、佐藤弘夫、西岡文彦、渡辺和靖、中村生雄、小島毅、伊藤洋典、伊藤由希子、山脇直司、高島元洋、金鳳珍、苅部直、稲垣久和、小林正

弥の各氏、その他の方々が参加され、その議論は、二〇一〇年に『「おのずから」と「みずから」のあわい――公共する世界を日本思想にさぐる』（東京大学出版会）として出版されました。

今日は、これまで、このテーマでどういう問題がどのように議論されてきたのか、についてまとめながら、また、これと関連して、私自身もこの間、何冊かの本を書きました。これらもむろん、このテーマとも深く関わっていますので、そのことも合わせてお話ししたいと思います。

まず、「おのずから」と「みずから」の「あわい」というテーマの枠組みを簡単に説明しておきます。

「おのずから」　自然、宇宙、必然・偶然、不可避、不可抗、生成、無常、……

「みずから」　自己、我、私、欲望、意志、願い、努力、人為、技術、……

「あわい」　「合(あ)ひ合(あ)ひの約」「「合(あ)はふ」の名詞化」

まず「おのずから」ですが、いうまでもなくそれは、この宇宙・天然のそのままのあり方のことです。自然ということです。〝自然〟という言葉自体は、もともとは、偶然とか突然と同じ副詞ですが、明治近代になって、日本語では、これが名詞化された。名詞化されたところには、近代日本人の自然なるものへの、ある関わり方の変化をうかがうことができるのですが、それはともあれ、「おのずから」としての自然は、（これは中世からすでにそうなのですが）ときに必然と捉えられたり、偶然と捉えられたりします。

そういう、自然・必然・偶然と感じられるような営みなり働きが、まずあります。たとえば、生老病死といわれるような、そうした働きは、われわれにとっては不可避であったり、あるいは不可抗であったり、――もちろん「みずから」がそこに関わることで、可能になったり避けられることもあるわけですが――、根本的にわれわれにどうにもならないものとしてもあるわけです。それは、生み出す働きであったり、増やしたり、消したり、壊したり、変えたりしていく、そういう働きでもあり、ときに「おのずから」とも、ときに「無常」とも呼ばれる働きのことです。

次に、それと同時にわれわれには、この自分自身の力を働かす「みずから」という営みがあります。これはべつに人間だけではなくして、動物や植物でも、ある環境の中で「おのずから」の働きなどをはじめ、他のものに出会いながら、一つの主体として「みずから」を営んでいくということがあります。が、ここでは、とりわけそれを人間の場合において考えてみたいということです。それは、自己とか、我とか、私とか、（これは後でまた問題にしますが）、そういう呼び方をするものの、その欲望であったり、意思であったり、願いであったり、祈りであったり、あるいは努力であったりするものです。人為・人工・作為・技術とも言われます。そうしたものを営みながら「おのずから」や他のものに相渉って生きているわけです。

人生のさまざまな出来事というのは、こうした、如意の「みずから」と、不如意の「おのずから」との、両方からせめぎ合いの「あわい」で起きているといってもいいように思います。ふたつの働きを、「あわい」という言葉でつなげて考えてみようというのが、ここでの基本的な趣旨です。

「あわい」というのは、「あいだ」をもうすこし動的に捉える概念として考えています。「あわい」というやまと言葉は、もともと「あふ(会ふ・合ふ)」の連用形「あひ」の「あひあひ」が約まったもの(『岩波古語辞典』)とか、あるいは、「合はふ」の名詞化したもの(『日本国語大辞典』)とも説明されているものでして、二者の相互に行き交う相克・共和・共働という、動的な関わりを読みこむことができる言葉です。研究会でご一緒した坂部恵先生は、「あわい」を西田哲学の「場」の問題に応用したり、あるいは「生き死に」の問題、あるいは男女の問題としても考えようとしておられました。

ここでは、こうした「おのずから」と「みずから」の「あわい」という視点を設定することによって、日本思想史において何がどう新たに見えてくるのか、あるいは、その「あわい」という動的相関性の概念は、間柄の論理にとって、どのような新しい意味・可能性をもたらすことができるのか、といったような問題として考えてみたいということです。

二　日本思想の動性として

・西田幾多郎「無心とか自然法爾とか云ふことが、我々日本人の強い憧憬の境地」
・九鬼周造「日本の道徳の理想にはおのづからな自然といふことが大きい意味」
・唐木順三「みずからがおのずからであり、おのずからがみずからである」
・磯部忠正「自然のいのちのリズムとも言うべき流れに身をまかせる一種の「こつ」」
・相良亨「「おのずから」形而上学」

じつはこうした問題はもう、つとにたとえば、西田幾多郎が「みずから」と「おのずから」が「相即」する「無心とか自然法爾とか云ふことが、我々日本人の強い憧憬の境地」(『日本文化の問題』)なのだとか、あるいは九鬼周造が、「日本の道徳の理想にはおのづからな自然といふことが大きい意味」(『日本的性格』)を持っているとか、あるいは唐木順三は、「みずからがおのずからであり、おのずからがみずからである」(『詩と死』)という心の動きについて語っています。

あるいは磯部忠正は、もうすこし一般的にわれわれ日本人の知恵には、「自然のいのちのリズムとも言うべき流れに身をまかせる一種の「こつ」（『「無常」の構造』）に「みずから」を預ける、そういう「こつ」があるとか、また、私の師匠である相良亨先生は、日本人の倫理学の根本に「「おのずから」形而上学」というものを想定していました（「「おのずから」形而上学」）。

「おのずから」と「みずから」は、ともに「自（ずか）ら」という一語で語りうる発想をもっています。だからといって、この「おのずから」と「みずから」はイコールということではない。重なりつつズレ、ズレながら重なる、そこに「あわい」という言葉が使われるゆえんがあります。が、そうした発想において、豊かで多彩な、また包容力を持ったとも言われる思想文化を創りあげてきたという評価もすることもできれば、逆にそれは、きわめて曖昧で無責任な、雑然とした成り行き主義でしかないのだという、そういう批判も、これは十分に成り立つわけです。

丸山真男が、「無責任の体系」というふうに批判したもの、あるいは、このゼミのメンバーの猪瀬直樹さんが一連の「日本国の研究」という中で批判しているものも同じです。日本人の天皇制とか、あるいは官僚制、戦後民主主義をふくめて、その「視（み）えない制度」として働いてしまうものです。それはまさに、「おのずから」と「みずから」が癒着するかたちで固定化していった不可視の何ものかのことです。それがずっとはびこってきている、とくに近代以降、見えにくいシステムとしてはびこってきているということで、取り組んでこられた道路公団改革なり、今の首都機構改革なりということになっているのかと思います。

つまり、「おのずから」と「みずから」とは、「あわい」をとっぱらって、一つになってしまいやすいということでして、そうしたあり方への批判です。よく使う例でいえば、われわれは、たとえば自分で決断して努力して結婚することにしたとしても「結婚することになった」という言い方をします。それをまさに「成り行きでなった」という意味で使ったとすれば、今度離婚するときにもまた、「離婚することになった」という言い方で済まされてしまうものです。どこにもその責任を担う主体はいない。「戦争をすることにした」のではなく、いつの間にか「戦争することになった」というふうに言っているかぎり、その事柄を担う主体はどこにも見いだせないということです。

そういう「無責任な体系」といわれるようなものは、そこには十分指摘できるわけですが、しかしそれはくりかえし申し上げているように、「おのずから」と「みずから」をきわめて安易なかたちで重ねていく発想のことです。

しかしそれでは、みんながみんなそうした無責任な成り行き主義で語っているものと考えていいのかというと、かならずしもそういう否定的な意味合いだけではない。たとえば、どんなに「みずから」努力しても、結婚する相手に出会うということは別事です。出会いというのは、基本的に自分を超えている出来事です。自分以上の、あるいは自分以外の働き、縁とか偶然とか手助けとか、そういうもののなかで、人は人に出会うのですし、また出会った後のさまざまな幸・不幸の不慮の出来事を重ねたうえでやっと結婚という事態にいたるということです。「結婚することになった」とは、そうした感謝の表現でもあるということです。

一点、「あわい」ということで補っておくと、では、出会いということはまったくすべて「みずから」を超えた事柄かというと、そうではありません。「出会いは実力」というような言い方もありますように、いい人、いい絵、いい音楽には、たとえ物理的には出会ったとしても、その良さを「みずから」が評価できなければ、その人や絵、音楽には出会えないということもある。しかし、そのうえでなお、そういうものに出会えるか、出会えないかは、最終的には「みずから」を超えた事柄ではあります。

優れた思想の名に値する、文学の名に値する、思想なり文学というのは、むしろそうしたところへの感受性を持ってそこを分けている。そして大事なことは、ただ切断するのではなくして、まさに「あわい」として動的に関連づける中で、それぞれの思想なり文学が展開されているように思います。

軸になる思想?

先日、ある研究会で、元ソニーCEOの出井伸之さんに、この混迷の現代を生きるにおいて、われわれは日本人の「軸になる思想」というものが必要だと思うが、その点について日本思想を研究する者としてどう考えるか、と問われました。

「軸になる思想」という意味が、他に追随するだけでない、われわれに独自な発想や価値に基づいた思想ということを意味するなら、当然それはあるし、それを、より自覚的に描き出し検討してゆくことは大事なことだと思うが、しかしそれが、いわば確乎としたナショナル・アイデンティティのコアのようなものを指すなら、それはすこし違うと思うと答えました。

〝日本思想〟という、実体的に把握できる核のようなものがあるわけではないということです。この点については、つとに丸山真男が、「日本における思想的座標軸の欠如」を指摘し、われわれはまずは「その現実を見すえて、そこから出発するほかない」ことを提言しています（『日本の思想』）し、最近でも、たとえば松岡正剛氏は、「日本のよさやおもしろさというのは、かならずしも「自信」や「強さ」や「一貫性」にあるわけではない」として、「日本は「主題の国」というよりも「方法の国」だ」と述べています（『方法としての日本』）。また、内田樹氏は、「すぐれたものはすべて外部にある」という「日本人の基本的なマインドセット」を「辺境人性」と名づけ、「辺境は（自分が辺境だという意識を持ち続けるならば）「中央」を知的に圧倒することができる」という「日本辺境論」を展開しています（『日本辺境論』）。

これら「座標軸」「方法」「中央‐辺境人性」という考え方そのものについては、それぞれさらに検討する必要があると思いますが、ともあれ、そこで主張されている共通の方向は、思想を、いわば名詞化・実体化して把握しようとするあり方への批判であり、そうでない多様で柔軟なダイナミックな思想把握の勧めであるかと思います。

またさらにいえば、「おのずから」と「みずから」の「あわい」というテーマ自体、かならずしも「日本」においてのみ問われるべき閉鎖的な思想課題ではない。それはつまるところ、この自己という人間存在のありようは「自然」でありつつ、かつ、ない、という、すぐれて普遍的な「あわい」の問題でもあり、ここで取りあげられているのは、その特殊日本における思想表現だということでもあります。その特殊性においてある、プラス・マイナスをふくめての思想表現を、あらためてわれわれの思想の動性として再検討・再吟味しようということです。

三　現代思想を問う視点として

シンポ「軸の時代Ⅰ／軸の時代Ⅱ——いかに未来を構想しうるか?」

昨年の一一月に、人文社会系研究科「死生学」プロジェクトと「応用倫理教育プログラム」の共催で、「軸の時代Ⅰ／軸の時代Ⅱ——いかに未来を構想しうるか?」というシンポジウムを開きました（二〇〇八年一一月一三日、東京大学法文2号館1番大教室）。これは見田宗介先生の基調報告に、あと加藤典洋さん、田口ランディさん、竹田青嗣さん、そして島薗進さんのコメントを得て、私がコーディネートしたものですが、非常に大事な問題が扱われたと思っています。今日のテーマにおいても大きく関わりますので、全部はできませんけれども、必要なところだけをザッと紹介しておきたいと思います。

　基調報告で見田先生は、およそ以下のような提言をされました。

①一定の環境条件下での一定の生物種の個体数は、基本的にロジスティック曲線というS字曲線を描くが、地球環境下の人間種もこの限定を免れない。S字の後のカーブをこえてどう安定平衡状態にもたらしうるか、に人間種の未来がかかっている。

②世界のエネルギー消費の変化は、ここ一〇〇年でほぼ直角に近い曲線を描いて加速しているが、このままでは資源・環境的に限界に接近しており、どこかで減速に転じないかぎり、人間種の未来はない。

③人間の精神史に「軸の時代」という、ギリシア哲学、仏教、儒教、キリスト教など、現代にいたる精神の基軸の創出された時代があった（「軸の時代Ⅰ」）が、今やわれわれは上記のような要請に応えうる、新たな「軸の時代Ⅱ」の思想を構想しなければならない。その課題は、世界の「有限性」を引き受ける思考の枠組みと、社会のシステムを構築す

ることである。

④人間主義は人間主義を超える思想によってしか支えられない。

⑤以上の思想課題は、すでに一九七〇年代以降、変化しつつある人々の意識の変容を正確に捉え、そのさきに設定されるべきものである。

要はこのまま行ったら、人間の文明はダメになるということで、これは誰でもが感じていることですが、それをどうきちんと論じていくかという問題です。見田さんは、それに、ロジスティック曲線という生物モデルの、いわば「おのずから」と重ねて論じているわけです。それとの関連の中で、われわれは「みずから」の問題として、有限性というものをどう引き受けることができるのか、という課題だということです。人間主義というのは、つまりは「みずから」主義ということですが、それを超えるというのは、どう「おのずから」と折り合うのか、ということだと理解しました。それはまさに、「おのずから」と「みずから」の「あわい」だということです。

これについては、それぞれ加藤さんなり、田口さんなり、竹田さんらのコメント、とりわけ島薗さんはかなりきびしい批判をしており、そこには、さらに問うべきいろいろな問題が残されていることはよく承知していますが、未来構想を問う必要不可欠な視座のいくつかが提出されたと思います。

こうした問題に付随する、環境倫理とか生命倫理にしても、基本的にそれは、申し上げているように、「おのずから」と「みずから」の「あわい」という問題です。つまり、たんに自然「おのずから」に帰れとか、あるいは「みずから」の欲望をやめろとか、「おのずから」と「みずから」を別個に問うような問い方ではなく「あわい」において問うべきだということです。言い換えますと、それは、自然と人間、自然と作為、自然と人工というような、決まった概念としての名詞と名詞の二項対立として考えるのではなく、「おのずから」「みずから」という、形容語としての副詞として、それぞれ自明なものとして前提するのではないかたちで、相関としての「あわい」で問うということです。あたかも色や香や音を、色合せ・香合せ・音合せによってそれぞれが浮かび上がってくるように、あらためて両者を問いなおすことができるものとして考えようとしているということです。

ちょっと余談風になりますが、先日、『鋼の錬金術師』(荒川弘)というマンガについて、ある雑誌からインタヴューを受けました。いろいろ考えさせられました。錬金術というのは、いってみれば、これはまさに、「おのずから」と「みずから」の「あわい」に関わる問題で、この作品の言い方で言うと、錬金術というのは、「等価交換」という原理において、「流れを知り、分解し、再構築する」ということです。つまり、「おのずから」を、「みずから」がその中身を知り、分解し、再構築するということです。ニュートンも錬金術師であったということですが、この作品の中身としては、非常に新しい人造人間とかキメラとか、そういうSF的技術もたくさん出てくるわけです。が、そういう非常に新しい問題と、すこし近代以前の神秘的なものを持った錬金術なるものを重ね合わせたところにこのマンガの道具立てのうまさがあったように思います。

問題は、そういう「みずから」の技術を使って「おのずから」を壊してきた、そのいろんな壊れ方の問題でして、人間も壊れていきます。いろいろ人間ならざるものが出て来てしまう。主人公も、またその弟も、母を「錬成」することに失敗して肉体を失います。弟などは、魂だけが鎧に取り付いているという存在です。それが人間と言えるのかどうかということもふくめて、あとキメラとか人造人間とか亡霊とかいろんなモノが出て来て、この作品においては、「いったい人間とは何か」という問いがずっと問い続けられているわけです。

インタヴューでは、まずこの問い、「いったい人間とは何か」についてでした。その問いは、「どっからどこまでが人間で、どこからは人間でない」という線引きというか、定義を答えろというのではなく、著者自身がずっと問うていることは、そういう安易なマニュアルではないのだろうと思いました。マニュアルや定義、線引きで考えようというのは、最近の、ターミナルケアの問題、死の問題もふくめて、非常に危険なことでもあります。日本にかぎらず、「人間とは何か」というのは、倫理学をふくめて哲学の中心の問いでして、安易な線引きをするということは、逆にいえば、安易に「人でなし」をつくることでもあるわけです。

むかし古代説話に、あるきれいな女が男と結婚して子どもを産む、しかしその女は犬に吠えられて、じつは狐だったことがわかる。が、男も子どもも、その母を恋した。恋うて泣いた、という話があります。狐の母を恋する「信太妻（しのだづま）」――安倍晴明（あべのせいめい）の話もそうですが、ここでの問いというのは、その母をどう受けとめるかということです。

どこまでが人間で、どこからは人間でないという線引きでは、仏教説話の輪廻転生もふくめて、目の前の牛が前世、父であったとか、あるいは女房が亀であったとか、鶴であったとかいう話は追いつかない。そこでは、むしろそういう線引きではなくして、その存在が自分にとってどういう存在であるか、ということそれ自体が切に問われているのであって、そういう説話を享受しながら、人間と生き物について、ある感受性を学んできているわけです。ですから、この『鋼の錬金術師』の問いも、そう簡単に答えが出るようなものではない。答えではなく、その存在とどう関わるか、自分との関わりの中でどういう存在として見ていくかということではないか、と申し上げました。これもまた、「あわい」からの視点ということでもあります。

それからもう一つ、この問題と深く関係して、ここには、ホムンクルスという人造人間とかキメラとか、いっぱい出てくるのですが、これは、現代のクローン技術とか人工生命操作の問題でもあります。つまりそれは、「死と不死」という問題として、この『鋼の錬金術師』のもう一つの主題を作りあげているわけです。申し上げたように、この物語は、母親を失って母親を「錬成」しようとして失敗することから始まっているし、物語には、国や国家権力の中で、何百年も生きているホムンクルスなる存在が登場してきます。錬金術も、またこれもこの作品に出てくるのですが、道教の煉丹術（れんたんじゅつ）も、どこかで「不老不死」が目指されています。それは、現代のクローン技術などでも同じで、まさに、「みずから」の不死願望の象徴として描かれているように思います。

　この「多分野交流演習」では、昨年、東京理科大の生化学の田沼靖一さんにお話をしてもらったのですが、生物の細胞にはアポトーシスとかアポビオーシスという「死の遺伝子」が組み込まれており、死ぬようにできているのだという、新しい科学的な知見についてお話ししていただきました。いろいろビデオも見ました。その中で、癌細胞だけが、不死、死なない、つまりはアポトーシスがうまく発動しないということでした。逆にいえば、生きているということは、つまりは死が内蔵されていることなので、「おのずから」とはまさにそうしたものとしてあるということです。ですから、不死というのはその意味で生の名に値する生を生きていないということになるわけです。

　この作品の中で、ある錬金術師が、成果を上げなくてはと焦って自分の妻をキメラにしてしまう、さらには自分の娘をも犬と掛け合わせてキメラにしてしまう、という話が出てきます。そのキメラは死ねないわけです。そのキメラが、一言ぽつっと「死にたい」とつぶやく場面があります。その発言は非常に重い。荒川さんは、このマンガでそういう重いテーマを描いています。人間の欲望とはいったい何であるか、ということを根源的に問うているように思いました。

四 「おのずから」＝＃「みずから」

「おのずから」

一切の生命の根源的な働きという言葉を「おのずから」の働きに使っていいのかどうかは微妙なところがありますが、「みずから」は「みずから」の体や働きをはじめとして、自分で何一つ作ることができたわけではなくて、つねに「おのずから」の生命現象の働きの中で作り上げられています。

しかし、そうでありながら、人間の「みずから」は、その「みずから」の営みにおいて、「おのずから」の働きを利用したり多少変えたりすることもできるわけです。が、さきに述べたように、結局のところ、「みずから」の力においてはどうにもできないものがあります。それは言い換えれば、「おのずから」の働きというのは、「みずから」にとっては絶対他の働きとしてあるということでして、「みずから」の根源、「みずから」を押し出すものでありながら、「みずから」にとっては不可抗・不可避の、どうにもならない、そういう働き・力としてあるということです。

これはたとえば、清沢満之の有限・無限論の言い方でいえば、もし無限なるものがあるとしたら、それは限界を持たないのであるからすべてを包む、つまり、すべての有限はみな無限の手の内、無限の中にあるということになる。けれども、われわれ有限の側から見るならば、それはまさに有限、限界があるわけですから、無限というのはどこまでも外としてある、あるいは他としてあるということになるというわけです。

清沢は浄土真宗の僧ですから、無限とは阿弥陀仏のことです。阿弥陀仏から見ればあらゆる衆生は手の内にあるけれども、衆生の側から見れば阿弥陀仏は絶対他の存在で、だからこそ「信」という、ある跳躍を要求されるのだということになるわけです。「みずから」は「おのずから」の中にありながら、なおかつ、「みずから」は「おのずから」の他（外）としてあるということです。

木村敏さんは、精神医学の立場から、たとえば統合失調症などを研究し、また西田幾多郎などをも参照しながら、独自の「おのずから」「みずから」論を展開しておられます。非常に解りやすい喩えを使っていますので、それを紹介しておきたいと思います。

こう説明しています。

生命的自発性の水圧が一杯かかった水源から、個別的に分離した身体的存在の出口を通って迸り出る噴水のようなものを思い浮かべてみよう。一つひとつの噴出口の特徴に従ってそれぞれに異なった弧を描く水の曲線が、個々の自己だということになるだろう。……水源で水が噴出口から出るまでの動きを見れば、「おのずから」ということになり、噴出口を通ってからの水の動きは「みずから」ということになるだろう。

（木村敏『あいだ』）

図1

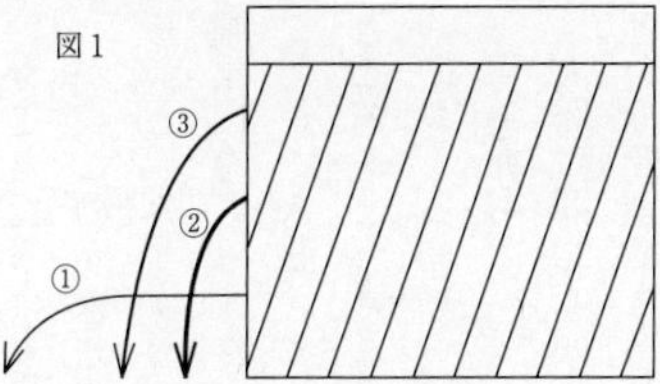

つまりは、まずは「みずから」の押し出される噴出される働きというのは、「おのずから」の圧力、「おのずから」の水圧がかかってその圧力によって噴水が噴出される。その意味では、「みずから」は「おのずから」においてある。しかし「みずから」にとって見ればその働きはどうにもならない絶対他として働いているということです。

また「みずから」というのは、この噴出口からでた水の弧の曲線のありようですが、①②③それぞれは、それぞれの噴出口の位置や大きさとか長さなどによって違う。それは、それぞれの「みずから」の、いわば一回性としての場所性や身体性においてそうなるということだろうと思います。

が、このかぎりでは、その問題は、人間にかぎらない、すべての生き物の「おのずから」と「みずから」のあり方に当てはまります。しかし、とりわけ人間の場合には、この噴出口を「みずから」の意志や努力で変えることもできる、大きくしたり、埋めたりすることができる。そうすれば、むろんこの弧の曲線は変わって来ざるをえない。そのへんのところをどう考えるかにこそ、「あわい」の問題が関わってくるわけです。

「みずから」

人間に即していえば、その「みずから」というありようは、身も心もふくめての「私」という問題でもあります。この、一回かぎりの「私」としての「みずから」の存在や働きは、「おのずから」を「おのずから」だけとして説いてもそれからだけでは出てこないところの問題です。「おのずから」との、何らかの「あわい」の発生を介して、ある異なるディメンションで「みずから」や「私」が発生してくるかと思うのですが、その間の事情を思想としてどう捉えるかということです。これは相当に大きな問題だと思っています。「みずから」の「み」は「身」です。ただ「身」といえば、当然「心」という問題がでてきます。「私」とは、この「身」と「心」から成っています。それが、どう「成って」いるかという問題です。われわれは「みずから」考え、迷い、志し、願い、祈り、笑い、悲しんだりするのですが、それがどこから来るのか、「誰が」そうしているのか、という問いにも関わってきます。

四年前に、「死生学」プロジェクトで、「新しい死のかたち・変わらない死のかたち」というシンポジウムをコーディネートしました。その中で、「私の死」という、その「私」とは何かという議論があって、大阪大学の鷲田清一さんとすこし議論になりました。

鷲田さんは、「「私」という語る者はその語りの中にさまざまな他者をふくんでおり、そういう語りのなかで「私」が絶えず生成していく」のだと言われ、それを受けて私は、たしかにさまざまなものを取り込みながら「私の語り」ができていくのであるが、「しかしその生成は、バラバラにつくりだされ語りだされているわけではなく、フィクショナルかもしれませんが、あるまとまりをもってつくられていく。そこに語る主体としての「私」があるでしょう」と申し上げたところから、以降、こういう議論が展開されました（『シンポジウム報告論集「新しい死のかたち・変わらない死のかたち」』東京大学ＣＯＥ「死生学」プロジェクト、二〇〇四年三月）。

鷲田　「私」がつくるという言い方、それからまた取り込むという言い方にも抵抗があります。「私」がいままでかかわってきたひとつひとつの出会いのなかで「いまの私」があるということですから。

竹内　要するに、出会いのなかで自分を壊しながら、変えながら、更新しながら生きていくということでしょう。ですから、そのときどきにある「私」というものの、あるまとまったフィクションがなければ更新もできないじゃないですか。

鷲田　そうは思わないですね。他とのかかわり、いろんな人と出会って、いろいろもつれた関係とか、いろんな関係をやってきたというのは、けっして「私」自身が自分を語るというかたちで、その意味を全部回収することはできないものだと思っています。

竹内　いや、できないから変わるんでしょう。だからフィクションともいったわけです。にもかかわらず、そのときそのときにまとめていかなければ更新すらもできないように僕は思います。

このあともうすこしあるのですが、これらの議論を受けて、情報学の西垣通（とおる）さんが、

西垣　……情報学では人間はオートポイエティックな存在であるというふうにくくられますね。オートポイエティックというのは自分で自分をつくるということですから、自律的にサイクリックなシステムになっているわけです。そういう意味で閉じているわけですよ。ところが、閉じていることが逆に開くことになるんです。……「私」は「私」のなかに閉じ込められているんですよ。でも、そのことがまた、逆に外に対して開かれている。そう

いう二重構造のなかに生きているという感じですね。

と発言されました。それを受けて、私は、

竹内　……いまの西垣さんのお話をひきとっていうと、僕がいいたかったのは、「私」というのはもちろん閉じきることはできないし、それこそ最大の無明なんでしょうが、しかし、かといって逆に開きっ放しというのも非現実的ではないか。生きることには否応なく閉じることがあるのであって、それを前提に開くことを考える必要があるのではないかということです。

微妙なところですが、この問題は「私」という問題や、あるいは、今の発言でいえば「無明」というようなことにも関わり、それは、欲望とか煩悩、あるいは悪という問題にも関わってくるように思います。

じつは、さきほど申し上げた「公共哲学」京都フォーラムで、二〇〇七年の三月に「悪」というテーマで議論をしましたので、そのことも合わせてご紹介しておきます。

京都フォーラムの金泰昌氏は、これまで日本では「公共」ということを考えるときに、どこか「滅私奉公」というような、私を滅して公に奉ずるという傾向が強かったが、そうではなく、「活私開公」、私を活かして公に開くという方向で考えるべきだと言っておられました。つまり、「公共」ということを考える前提として、「私が私として自由に生きている」という、そういう「私」の内面性を確保しながら、なおかつ他者や「公共」へと開いていく「私」が考えられるとすれば、それはどう考えうるのか、という問いが問われなければならない、と。とすれば、当然「私が私として自由に生きる」というありようには悪の問題が、あるいは欲望の問題が出てこざるをえないわけです。

そういうものを見すえることなしに、つまり、私の先ほどの言い方でいえば、「閉じる」という「私」のありようを見すえることなしに、他者との関係や「公共」を論ずることは非現実的ではないか、ということでもあったように思います。

私・欲望・悪の問題

私　もと、禾（稲）と囲む意のム。かこって自分のものした稲の意。（『漢字源』）

我　もと、刃先がぎざぎざ突き出ている戈の一種の形にかたどる。（同）

周知のように、そもそも「私」という漢字は、その成り立ちからいえば、部首の禾はイネで、囲むという意のムとから成って、「かこって自分のものした稲の意」です。また、「我」という漢字は、戈をかたどったもので、武装した自分の意味です。囲い武装して

「みずから」のものにしたというところに「私」「我」というものが生ずるとされています。

仏教ではそれを「煩悩」といって取り出すわけですが、その「煩悩」の内実の問題です。たとえば、親鸞は「身」と「心」とを分けて考えています。「信」さえ確立すれば往生を確約された存在になれる、その存在の「心は如来に等し」というわけです。しかし「身」はそうではない、「煩悩」にまみれて悪いことをしでかしてしまう可能性がある、と。

清沢満之の議論でいえば、「身」こそが一番外部ということになります。彼は「外物」という言い方をするのですが、「身」こそが最たる「外物」で、自分にどうにもならないものとしてあるのだ、と。あるいは、自然主義者たち、たとえば田山花袋らも、自分がこうやって性的本能をもてあましているのも、みんな私の中の「煩悩」がそうしているので、私自身にもどうにもならないと言っています。さきにも見たように、もともと「おのずから」は不如意なもので、どうにもならないものとして外部に置いたのですが、それが「身」として内部に巣くっているということです。

親鸞においては、その「私」の問題は、「業」という問題になってきています。自分というものがわかっているようで、一番わからない。何をしでかすか、わからない存在なのだと言います。千人殺せ、殺せば往生できると言っても殺せないものだし、殺せと言われなくても、殺してしまうこともある、と。「私」という存在の不透明性がどうしても問題になってこざるをえなかった。それが「無明」ということでもあります。

こういう言い方は、例の、オウム真理教の「ポア」のことを思い起こさせます。「殺してこい」と言われて、ほんとうに殺してきた。あるいはイスラム原理主義の自爆テロも何人でも殺してきたら自分はいいところに行けると言われ実行されている。そこには、「私」の暗さとか不透明さがない。つまり、彼らの「私」は、ある意味、明確に見通されているわけで、その行為は、むしろその積まれるべき功績、善行為として営まれているということです。親鸞の言う意味とはそうとう違うものです。われわれが、こうした「無明」な存在であるということ、彼の言い方でいえば「罪悪深重煩悩熾盛の凡夫」だということ、そういう存在であるからこそ、弥陀の救済の対象になるというのが親鸞の考え方でした。

> 踊躍歓喜（ゆやくかんぎ）のこころもあり、いそぎ浄土へもまゐりたく候はんには、煩悩のなきやらんと、あやしく候ひなまし。　　　（『歎異抄』）

有名な『歎異抄』第九条です。念仏をしても飛び上がって喜びたい心も起きない、急いで浄土に往きたいとも思わない。それはまさにわれわれの持っている煩悩の所為なのだ、しかるに、弥陀はかねてそれを知ったうえでそうした存在をこそ救おうと願を誓ったのであるから、かえってその煩悩のあることにおいてこそ、いよいよ「往生は一定」と受けとるべきであろう、と。

「煩悩のなきやらんと、あやしく候ひなまし（煩悩がないのであろうかとかえって疑わしく思われることであろう）」という言い方をしています。そこには人が生きていくにおいては、否応なくこの「私」なるものに執着せざるを得ない、そういう「無明」な存在だという、人間存在の現実への深い眼差し、諦視といってもいいようなものがある。「煩悩のなきやらんと」というのは、あえていえば、先ほどの議論の中で、閉じることがないというような非現実的な「私」認識への、ある種の異議申立てでもあります。

　親鸞に即してみても、じつはそのへんが非常に難しいし、もうすこし一般的にいえば、たとえば、中村雄二郎さんが、悪をこう定義したとき出てこざるをえない問題があります。

> 仏教においても、キリスト教においても、自然的な生命力の露骨なあらわれや自己中心的な欲望の肯定が悪の根源である。（『日本文化における悪と罪』）

「仏教においても、キリスト教においても」、ということは、より一般的に、ということですが、「悪の根源」というものが、「自然の生命力の露骨なあらわれ」と「自己中心的な欲望の肯定」という、当面は出どころが違う、二つのところから語られています。その違うことをどうつなげて考えたらいいか、という問題があるのでして、つまりそれは、ここでの言い方でいえば、まさに「おのずから」と「みずから」の「あわい」の問題として考えられるということです。おのれを超えて働いてくる「おのずから」の生命力に、「みずから」という「私」が関わることで、そこで何らかの意味で「露骨さ」なり「過剰さ」といったものが生じてくるわけですが、それが「身」の問題なのか、「心」の問題なのかということもふくめて、さきほどの清沢満之の論なども合わせて、どう考えたらいいかということです。

親鸞の場合には、ともあれ、そのさきに、そういう問題もひっくるめて「どうにもならない」と思ったときに、そこに弥陀が手を差し伸べてくることによって、救われる「私」がはっきりと見えてきているわけです。

弥陀の五劫思惟の願をよくよく案ずれば、ひとえに親鸞一人がためなりけり。されば、そくばくの業をもちける身にてありけるを、たすけんとおぼしめしたちける本願のかたじけなさよ。（『歎異抄』）

問題は、この「一人」をどう理解するかということです。「身」も「心」もふくめてと言っていいのかもしれませんが、「信」という営みにおいて、それらをまるごと弥陀に預けるときに感じられてくる、他ならぬ「私」「一人」という問題です。

その「私」の「心は如来に等し」ですが、「身」はまだダメで、現に往生も成仏もしていないわけです。「等し」はあくまで「等し」であって、けっして「同じ」ではない（「不一」）。が、そうしたことが定まった身分ということで、その意味では、弥陀に攝め取られているわけです。つまり、「みずから」（「私」）は「おのずから」（弥陀）の内に攝まりながら、なおけっしてイコールではないということです。そこでの「あわい」は、ごくわずかのようでありつつ、かつ無限のようでもあります。そのことは、親鸞において厳密に注意されているように思います。

くりかえしておけば、「みずから」とは「おのずから」の内にありつつ、なお「おのずから」はどこまでも外なるもの、他なるものとしてあるということです。

五 「おのずから」と「みずから」の「あわい」と倫理（他者）の問題

以上のような「おのずから」の他性と「みずから」の私性への感受性を前提に、その両者の行き交う「あわい」にこそ、豊かな動的性格を有した他者関係が切り開かれてくるのではないかと考えています。つまり、「おのずから」と「みずから」の「あわい」という問題は、弥陀と「私」というような、いわば縦の問題ということができますが、この問題は同時に、「私」と他の「私」との関係、いわば横の問題としての倫理ということに関わってくるということです。

すこし話がとぶようですが、伊藤整の「近代日本における愛の虚偽」という有名な論文があります。概略、こういう趣旨のものです。

――西洋キリスト教での「愛」loveとは、「人にかくせられんと思うことを人に為せ」という『聖書』の言葉にあるように、他者を自己と同じように考えて「愛する」ということだ、と。が、もともと自己中心的な人間にはこうした「愛」は不可能なのであり、したがって西洋では、そこに絶対的存在としての神が要請され、その神の命令、また神への祈りや懺悔といった反復的努力を介することによって、その不可能なことがわずかに可能なものとして追求されてきたのだ、と。

それに対して、そうした神をもたない東洋・日本の考え方は、『論語』の「己の欲せざる所を人に施すことなかれ」という言葉に象徴されるように、他者を自己とまったく同じには「愛し」えないがゆえに、「仁」や「慈悲」をもって他者をいたわり、本来、他者に対して自己が抱く冷酷さを緩和してきたのだ、というわけです。そして、このような日本人が、明治以来、loveという考え方をすばらしいものだと考え、それに「愛する」という言葉を当てはめ輸入しようとしてきたが、しかし、そこには、神への祈りや懺悔といった肝心の要素は抜けていた。しんどい部分はさて置き、口当たりのいい部分だけを取り入れようとしたのだというのであります。

それゆえ近代日本人が「愛する」という言葉を使うとき、そこには、どうしても無理や虚偽がふくまれてくるのだ。とりわけそれは、この言葉で男女の間を語ろうとしたときに際立っていると伊藤は言っています。――たとえば、「私の方で愛しているのに私を棄てた」とか「私を愛さなくなったのは彼が悪い」などという言い方をするが、それはたんに、「惚れる」こと、「恋する」こと、「慕う」ことであって、けっして「(他者を自己と同じように)愛する」ということではない。「キリスト教的な祈りと、不可能な道徳への反復的努力のないところで、愛という偽りに満ちた言葉を使うな」、というわけです。

この論文は、近代日本人の「愛」を論じてきわめて大切な問題を提出しているのですが、ただ、神を持たない東洋・日本においては、せいぜい、「仁」や「慈悲」をもって他者をいたわり、本来、他者に対して自己が抱く冷酷さを緩和してきたのだというのは明かに言いすぎのように思います。

むろん、キリスト教のような神はいなかったわけですが、だからといって、そうしたものに代わる超越者がいなかったということではない。ここでの言い方でいえば、「おのずから」の働きというのは、まさに一つの超越の働きです。親鸞は、「おのずから」の働きということを知らしむるために「阿弥陀如来」という言い方をしているのだと言っています。「阿弥陀如来」でも、あるいは違う神々でもいいのですが、そういう縦の存在や働きなしに横の関わりがそれだけであるとは思えません。ここでも、「おのずから」と「みずから」の「あわい」の問題は、それを基点に「みずから」同士の関係の問題が展開されてくるということです。相良亨先生にとっては、「「おのずから」形而上学」は倫理学の原論でした。

すこし違う観点から、同じような問題を、木村敏さんはこういうふうに説明しています。先ほどの水槽の図1ですが、われわれの「みずから」は、それぞれ外に迸り出た①や②や③という別個な弧を描いているわけですが、その①や②や③といったそれぞれがそれぞれとなるのは、水の出口より先のことで、それまでの水源の部分ではまだ分離していません。

> 自己成立以前のメタノエシス的な水源には自己もなければ他者もない。なにもかにもが渾然一体となった「おのずから」の動きだけが見られるだけである。私が人と人の「あいだ」、自己と他者との間主体的な「あいだ」という概念で考えているのは、まさにこの「おのずから」の動きのこと、そこから自己が自己として、他者が他者として出てくるような源泉の場所のことである。（木村敏『あいだ』）

だから、個々に噴出された「みずから」の自己は、分離したあとでも、他者との「あいだ」の背後に、いつも分離以前の「あいだ」を感じ取る能力を保持し続けている。つまり、それぞれの「みずから」の自己は、「その刻々の自己意識に於いて、他者の曲線との違いを意識しながら、それと同時に自分を動かしている水圧を感じ取っていることになる」ということです。水圧とは、「おのずから」の圧力で「みずから」を押し出している力ですが、それは、「曲線を描いて飛んでいる水流そのもののような実体的なものではない。……水圧は水そのものにとっては「絶対の他」である、と表現することもできる」とも説明されています。

それぞれの「みずから」へと分離したあとの自己と他者の「あいだ」の背後に、「おのずから」のおける、それらの分離以前の「あいだ」を感取するという発想は、木村さんが西田哲学に学んだものでもあります。

他者論ということに関していえば、今度の『「おのずから」と「みずから」のあわい』に参加して下さった今村仁司先生は、京都フォーラムでの議論で、「他者性のディフィニションと整理の問題」として、こういう批判をされました。ここでの他者論についての議論の仕方が、それらが、①共同体内部の他者なのか、②共同体外部の他者なのか、そしてさらには、③絶対他者なのか、その基本的な区別、定義がなされていない。それでは、公共性を論ずる生産的な議論にはなりえない、と。

それはもっともな批判だと思いましたが、ただ、今回の問題意識は、「おのずから」と「みずから」という問題をふくめて「あわい」というところから論じようとしているということで、それはかならずしも厳密なディフィニションから入るのとは違うやり方でもあるということは申し上げました。

つまり、「あわい」から問うというのは、AとBをまず定義づけて、その間を問うということではなくて、その「あわい」を論ずる中で、AがAになっていき、BがBになっていくというような、そういう動的な相関として考えていくといった仕方もあるのではないかということです。しかしそれにしても、議論の一定の枠組みは揃えておく必要はあるわけで、その意味で、ご批判はご批判として承っておくべきだと思いました。以上です。

演習討議 「総括提題「おのずから」と「みずから」の「あわい」」を論ずる

司会・島薗進（宗教学） 竹内さんとは、この一〇年、この演習を二人三脚で担当してきました島薗です。今日は、この間に蓄積された持論をふまえて、大きなまとめのお考えを出されたかと思います。まさに、現在の「竹内整一」というお話でした。自由に議論していただければと思います。

苅部直（日本政治思想史） 縦と横という表現は、たしかに意味内容がよく伝わるのですけれど、しっくりこないところもあるように思います。つまり、「みずから」どうしが、ある行為や感情を通じて関わる、その関わり自体の内で何かが働いている。その働きを、竹内さんは「あわい」の働きとおっしゃっているのですよね。しかしここで、縦と横という呼び方を選んでしまうと、お話でふれられた、伊藤整に見られる類の議論につながってしまうのではないでしょうか。縦という表現は、「あわい」を超えた超越者のような、まったく異質な次元から、人々の横のつながりに入りこんでくる働きを、想起させてしまう気がします。むしろ「深み」と呼ぶならわかるのですが。

竹内 ご指摘のように、縦・横という言い方はすこし乱暴かなと思いました。木村敏さんの図1でいえば、①と②は、私と誰か他者の違う曲線なのですが、しかし、その「あいだ・あわい」の問題は、すでにそれぞれを押しだした「おのずから」の中に、①が①になる以前、②が②になる以前の状態としてあるわけでして、だから、その「おのずから」との「あわい」を考えることの中には、①と②の「あわい」の問題が入っているということです。今日は具体的な例はほとんど出していないのですが、たとえば、慈悲でも「もののあはれ」でも、隣の他者関係だけでは論じきれないのであって、そこにはどうしても超越との関わりを論ずる必要があるということですが、そうですね、縦・横とは違う言葉で整理してみたいと思います。

賀陽濟（かやわたる）（精神科医、宮司） 竹内先生がこういうモデルをお出しになったことは非常に意味があると思いますが、おそらく苅部先生がひっかかっているのは、縦という言い方の持っている、超越とか絶対というような言葉の西洋のイメージとの違いの問題なのかなと思いました。二つの「あわい」の関連は、私の精神分析の世界でも非常に重要な問題です。

竹内　一昨年でしたか、亡くなる前に今村仁司先生と対談したことがあるのですが、そのときに一番強く言われたのが、その超越という問題でした。今村先生は、仏教というのはむしろどこまでも内在であって、簡単に超越という言葉を当てはめて考えるな、また内在と超越をごっちゃにして議論するな、ということを言われました。ですが、僕自身、もともとは「自己超越の思想」から始めたし、「内在への超越」というようなことも言っているわけでして、その超越というのは、Transzendenz の翻訳語ではなく、仏教語の超越という問題の話だと申し上げてしばし議論になりました。

質問者A（編集者）　さきほどの図1の問題ですが、①の弧と②の弧が交差しますよね。まさしくその交差しているところが先生の言わんとしている①と②の「あわい」ということですか。

竹内　どうも僕の紹介の仕方が悪いのでしょうが、そうではありません。木村さんは、自己イメージとしてのそれぞれの弧の曲線は統合失調症にでもならないかぎり入り交じらないと言っています。①は①として、②は②として、それぞれ別の曲線を描きながら、両者が関わり合えるのは、ともにかつて自他未分の「おのずから」においてあり、そこから噴出されているからだということだと思います。

清水博（生命科学）　科学の立場から、「あわい」の問題を考えてみます。基本的には、存在の相補的二重性という現象があると思います。量子力学では、電子とか原子とか、そういうものは粒子でありながら波動であるという考え方があります。粒子と見れば粒子である、波動と見れば波動であるということなのですが、どこが違うかというと、粒子は局在というかたちで存在する。今、ここにある、あそこにある、と。波動というのは局在できない、遍在的に存在している。本来の姿は、その遍在と局在が両方存在しているのですが、私たちが実験をして取りだそうとすると、どちらかしか観測できない。そうすると、もう一つの性質は見えない性質になる。だから、相補的だというわけです。それで、今のような考え方を一般化すると、「場」というふうに捉える捉え方と、「場の中にある個」として捉える捉え方と、本当は二つのものが別ではなくて一つの性質なのだけれども、人間の方はそれを分けて見ているということです。このような考え方が、仮に仏教で捉えられるとすると、それがたとえば、「色即是空、空即是色」ということになる。「色」というのは局在的な存在です。「空」というのは遍在的な存在です。だから実際は、局在だけで考えてはいけないし、だからといって、遍在だけで考えてもいけない。そうではなくて遍在を通って「色」が表れるのだ、と。これは遍在を通らない「色」とは違うわけです。

「あわい」ということを動的に表現するためにはまだまだいろいろ考えないといけないけれども、「あわい」には、一面だけでは捉えることができない、もう一面があるということですよね。そういう暗在的なものによって、明在的なものが非常に影響を受けているという動性であるとすれば、そういうようなところからもっといろいろ考えていくことができるかもしれないと思いました。

竹内　貴重なご指摘ありがとうございました。「場」と「場の中にある個」の捉え方の相補性なり、局在・遍在性、明在・暗在性の問題は、きわめて示唆的でした。先生のよく出されるサッカーの例で、個々の選手の動きは、おたがいのコミュニケーションという「あわい」と、「場」全体と個の「あわい」の二重性において重ねられるということと合わせて、もうすこし考えてみたいと思います。木村さんは、合奏の例を挙げて、合奏が成立するとき、調和し合う音というのは、それぞれの楽器を担っている人が、それぞれの「あいだ」で鳴っているものでもあり、各自の内部で全体との「あいだ」でも鳴っているのだ、と言っていましたが、サッカーの例と同じことだなと思い起こしました。

島薗　生命のレベルのことと、人間のレベルのことを、そううまくつなげて考えてしまっていいのでしょうか？　光や物理のレベルと生命のレベルも違うとは思いますが、ともあれそうした自然のレベルと人間の入ったレベルの「あわい」の問題は、そうとう違うはずです。やはり日本・アジアの思想の「おのずから」には何らかの調和を前提としているような気がします。他者性というのは、そもそもそうした調和が成り立たないということがあるのではありませんか。

竹内　サッカーでも合奏でもむしろ合わないことが多いし、そこから始めて合うまでに高めたときの個々どうしの、また個と全の「あわい」について申し上げたわけですが、仰った他者性というものをどう組み込めるかということは大きな問題だと思います。僕のはあくまでも、動植物の「みずから」ではなく、人間自己の「みずから」の問題であって、そこには、どうして、「みずから」どうしの他者性は前提されざるを得ないように思います。

島薗　志賀直哉は最期の死のときに、大いなる自然の中に回帰できると考えたという意味で、「おのずから」と「みずから」の関係は、最終的に調和的だったと思いますが、それに対して、自己と他者の関係は、そういう調和ということが基本的にはありえない局面がありますよね。

竹内　志賀は、最後に調和に行っているのではなくて、むしろ『暗夜行路』の大山の場面などの方が調和的です。「大きな自然に還元されるような感じが、睡いとき睡りにおちるように快かった」、と。つまり、そこでは、「みずから」は「おのずから」に解体してしまっているのであって、「ナイルの水の一滴」のような「後にも前にもこの私だけで、何万年遡っても私はいず、何万年経っても再び生まれては来ない」というような「私」認識はありません。こういう「私」認識は他者もまたそうした存在だという認識をはらんでいるのでして、それが「暗夜行路」的な調和に解消されなかったところにこそ、ある可能性を見たいと思っています。

質問者B（現代文芸論・院生）「おのずから」と「みずから」で、「おのずから」についてはともかく、「みずから」の方がやはりよくわかりません。図1の説明で、穴の大きさが変えられるとか、高さが変えられるとか、そういうものとして「みずから」が語られていたかと思うのですが、それを変える力というのはどこから出てきているのでしょうか。

竹内 穴の大きさとか位置というのは、これは絶対所与だと思います。どこで、どんな顔して、どういう身を持って生まれるかは、「みずから」では絶対できない。絶対受け身です。先ほど言ったのは、その所与の穴を自分で大きくしたり小さくしたり、あるいは塞いだりする程度のことで、それによって弧の描かれ方は違ってきますよね。それはたしかに「みずから」の努力の結果ですけど、ではその「みずから」の営みそれ自体がどこからくるのかについての説明にはなっていません。個の発生については、生物レベルでの、性の分化やDNA・ゲノムの問題、また、さきほど清水先生の言われた局在の問題などをふくめ、さらに生物学的に問う必要もあるのだろうと思っていますが、人間の「みずから」の発生については、申し上げたように、何らかの「あわい」を介して、ある異なるディメンションで生じてくるといった方向で考えようとしていますが、まだうまく整理がついていません。

質問者C（倫理学・学生）「みずから」がどこから来るのかというのは、たとえば和辻哲郎が、個人としてでもなくて全体としてでもなく、その両方の関係性の中で考えたように、それこそ、「おのずから」と「みずから」のぶつかり合いの中に、その関係性の中に求めるべきではないですか。と言いつつも、和辻は結局、「おのずから」の全体の方に議論を回収してしまいますが。

竹内 そうですね。そう回収されないためにこそ、「あわい」という言い方をしているのですが。親鸞の「私一人」の成立は、「おのずから」(弥陀)に対する「あわい」において立ち上がってきた存在や働きです。けっして「おのずから」に回収されるものでもなければ、かといって「おのずから」と独立のものでもないですよね。

矢津田義則(陶芸家) 轆轤(ろくろ)で徳利をひくときに、ひいてきて口を閉じていくと、そこに内部が生まれる、だけど口はついている、みたいなかたちで出来た内部を、言うなれば「みずから」と考えると、「おのずから」が褶曲(しゅうきょく)したところで「みずから」ができるというイメージが湧いてきます。が、ただ僕らはすでに「みずから」というかたちで、いわば内部に投げ出されているのであって、それをすべて取り外して「おのずから」に埋没するということはできないですよね。ただ、どこかにかならず「おのずから」への間隙が開いているから、そこを通して「おのずから」を垣間見ることができるのかと思います。その間隙が「あわい」ということで、先生が「はかなし」や「かなし」というものをそうした「あわい」というインターバルを埋めていくものなのかなと思いました。

竹内 徳利の例は前にも聞いて、なるほどと思いました。大河の一滴や、海の波というよりは、ある内的イメージがありますよね。また「はかなし」「かなし」が、言われるところの、内部に投げ出されたもののあり方ということは、ほんとうにそうだと思いますが、ただ「あわい」は埋められるようなものではなく、あくまでその間隙を感じ、それを通して「おのずから」を垣間見るようなものだと思っています。

清水　今や人間というのは、悲しいことに、環境の中に動物のように入り込んで環境と調和して生きるという能力をかなり失っています。それでは、人間に何ができるかというと、一つの可能性として、今日、竹内先生が仰っている「あわい」という問題にヒントがあるように思いました。たとえば熱帯雨林などでは、生命が非常に元気で活きている。これは一定の空間を多様な生物が共有しているからです。それを私は共存在密度と言っていますが、人間というのは、この共存在密度を極端に下げてしまった。その結果が、現在の状態なんですね。私たちはやはり、共存在できるような空間をいかに拡げていくかが問われているのだと思います。そういう生き方をするために、いったい人間は自然とどう関わり合えばいいか。自然の中で共生するということができないとすれば、そこにある一つの知恵は、私は里山の知恵ではないかと思います。そこは自然と人間の間にハッキリした境界を作るのではなくて、ある曖昧なドメインを残す。そういうことをどんどん拡げていくということが日本においてはまだ可能ではないかと思いますので、この「あわい」の問題をそういう観点から見ると、やはり日本から発信できるひとつの思想になりうると私は思っています。

竹内　前にこの「多分野交流演習」にもいらっしゃって、今度の『「おのずから」と「みずから」のあわい』にも参加されている内山節さんは、折り合いということを言っていま す。里山という知恵もふくめて、自然、「おのずから」に帰るのでもなければ、「みずから」の技術だけで何かやるのでもない。生物の公理そのものでは人間は生きられないとすれば、どこで折り合い、どこで共存在に近いありようを実現できるのかというのは、やはり「おのずから」でもなく「みずから」でもなく、「あわい」からでなければできないのかなと思っています。

質問者D（倫理学・院生）やはり人間は、どうしても中間的存在というか、「あわい」に生きているかぎりは、これはもうどっちには行けないわけですよね。そこから「はかなし」「かなし」も出てくる。それは仰るとおりだと思います。が、伺いたいのは、竹内先生は、ひょっとしたら、その「あわい」がまったくなくてぴったり一致してしまう世界、たとえば、弥陀でも神でも何でもいいんですけども、その、「おのずから」であることに、もう何の「あわい」もなく「みずから」が即するような次元を論の中で想定されているのかどうか、という質問です。

竹内 たとえば、唐木順三は「松は松として自若、竹は竹として自爾」などといった境地を念頭に、「みずからがおのずからであり、おのずからがみずからである境界」と言ったときには、その「あわい」はありません。それを消すことにおいて最後の境界が眼差されています。が、申し上げたように、僕の議論においては、それはあえて想定していません。

まあ、想定せずとも、絶対の「おのずから」の立ち現れとしての死ということは、いずれみんな持っていってしまいますから、その意味では、何と言っても「あわい」なく「おのずから」になるわけですが。それはそれとして、生きているかぎりは、あるいはまた、たとえ死んだとしても、死者葬儀や霊魂などと考えざるをえないかぎりは、——つまりは人間の文化が続いているかぎりは、「あわい」それ自体を肯定的に維持していく方向で考えられるのではないかと思っています。三木清は、人間を中間的存在と規定して、そのうえで、構想力・形成力ということを言っていますが、それはスタティックのものではなく、螺旋のようにぐるぐる回りながら描き続けていくというイメージですよね。僕もそちらの方で考えていきたいと思っています。

島薗　まだまだ、議論はあるかと思いますが、もう時間がありません。竹内さんとコンビで一〇年間、この演習をやってきまして、最後の年にこういう司会をできて本当に感慨深いです。ご苦労さまでした。

（二〇〇九年　四月二三日　東京大学法文1号館215演習室にて）

註

＊以下の辞典からの引例紹介のものは、あらためて挙げていない。

『角川新字源』(角川書店、一九六八)
『岩波古語辞典』(岩波書店、一九七四)
『新編大言海』(冨山房、一九八二)
『大辞林』(三省堂、一九八八)
『大辞泉』(小学館、一九九八)
『漢字源』(Gakken、二〇〇七)
『広辞苑』(第六版　岩波書店、二〇〇八)
『明鏡国語辞典』(大修館書店、二〇一〇)
『日本国語大辞典』(小学館、二〇一一)
『常用字解』(白川静　平凡社、二〇一二)

I

第一章

(1) 井筒俊彦『コスモスとアンチコスモス』(岩波文庫、二〇一九)
(2) ニーチェ(原佑訳)『権力への意志』(ちくま学芸文庫、一九九三)

(3) 西田幾多郎『日本文化の問題』（『西田幾多郎全集』第一二巻、岩波書店、一九六五）

(4) 九鬼周造「日本的性格」（『九鬼周造全集』第三巻、岩波書店、一九八一）

(5) 磯部忠正『「無常」の構造――幽の世界』（講談社、一九七六）

(6) 相良亨「「おのずから」形而上学」（『相良亨著作集』第六巻、ぺりかん社、一九九五）。以下、相良からの引用は同著作集による。

(7) 柳田国男『婚姻の話』（『定本柳田國男集』第一五巻、筑摩書房、一九六三）。なお、この点については、第四章で詳しく論ずる。以下、柳田国男から引用は、同全集による。

(8) 西田幾多郎「場所的論理と宗教的世界観」（『西田幾多郎哲学論集Ⅲ』岩波文庫、一九八九）

(9) 田山花袋「客観といふこと」（『田山花袋全集』第一五巻、文泉堂、一九七四）。以下、花袋からの引用は、同全集による。

(10) 丸山真男『日本の思想』（岩波書店、一九六一）

(11) 中村雄二郎『制度と情念と』（中央公論社、一九七二）

(12) 桑野敬仁「国学・和歌・自然」（東大出版会『講座日本思想』第一巻、一九八三）、山下久夫『本居宣長と「自然」』（沖積舎、一九八八）参照。なお、近代日本の天皇制や官僚制を同様の観点から「視えない制度」として描き出したものに猪瀬直樹『天皇の影法師』『ミカドの肖像』（『猪瀬直樹著作集』10、5、小学館、二〇〇二）がある。竹内整一「可視化の《ロゴパトス》」（『猪瀬直樹著作集』10「解説」）参照。

(13) 丸山真男「思想史の考え方について」（武田清子編『思想史の方法と対象』創文社、一九六四）

(14) 佐藤正英「親鸞における自然法爾」（東京大学出版会『講座日本思想』第一巻、一九八四）

(15) 一遍『一遍上人語録』(岩波文庫、一九八五)

(16) 田村芳朗『本覚思想論』(春秋社、一九九〇)、末木文美士『日本仏教史』(新潮社、一九九六)、栗田勇『最澄と天台本覚思想』(作品社、一九九六)等。

(17) 末木『日本仏教史』前註(16)参照。なお袴谷憲昭『本覚思想批判』(大蔵出版、一九八九)は、仏教者の立場から「本覚思想は仏教ではない」、日本の土着思想に過ぎない、と「本覚思想批判」を展開しているが、ここでの課題は、まさにその「土着思想」とされたもの、またそうしたかたちで表現された日本の仏教そのものの検討にある。

(18) 『真如観』(岩波日本思想大系9『天台本覚論』、一九七三)

(19) 栗田勇『最澄と天台本覚思想』前註(16)

(20) 世阿弥『拾玉得花』(岩波日本思想大系24『世阿弥 禅竹』、一九七四)。以下、世阿弥芸道論からの引用は同書による。

(21) この『拾玉得花』の引用部には、「成就とは成り就く也。この成就、序破急にあたれ当り。如何となれば、成り就くは落居なり」とある。「成就」は「成り就く」序破急のリズム・プロセスを意味すると同時に、その結果の「落居」(落着)した状態をも意味している。なお、「あり(有り・在り)」は、「アリは語形上、アレ(生)・アラハレ(現)などと関係があり、それらと共通な ar という語根を持つ」(『岩波古語辞典』)のであって、それもまた「成り」に包含されていく傾向があることが、相良「「おのずから」としての自然」で指摘されている。

(22) 一遍『一遍上人語録』前註(15)

(23) 芭蕉『蓑虫説』(『校本芭蕉全集』第六巻、角川書店、一九六二)。以下、芭蕉からの引用は同書による。

(24) 唐木順三『詩と死』(文藝春秋、一九六九)

(25) 田中久文『九鬼周造』(講談社学術文庫、二〇二二)に詳しい。

(26) 相良「「おのずから」形而上学」前註(6)参照。

(27) 柄谷行人『言葉と悲劇』(第三文明社、一九八九)。

(28) こうした「おのずから」において、おのおのの「みずから」がおのおのであることは、いうなれば、「八百万の神々」という、それぞれに絶対性をおびつつ共存する神話的原像に重ねることができる。そこに、同一性ではとりこめない非対称的な他者の他者性の日本的あり方を指摘することができる。

(29) 「あわい」という言い方には、木村敏の一連の「あいだ」論、とりわけ『あいだ』(弘文堂、一九八八)でまとめて展開された、より普遍的な自己と自然の「あいだ」概念に触発・啓発され、それを念頭において用いている。ここでは、ややもすればその「あいだ」が安易に癒着し堕落しやすい、しかしその微妙な「相即」の緊張においてこそ豊かな思想文化が展開されたという、特殊日本人の精神土壌それ自体をあらためて問う、ひとつの有効な視座とすべく、あえて「あわい」という異なる表現を用いている。

第二章

(1) 板坂元『日本人の論理構造』(講談社現代新書、一九七一)参照。

(2) 『古今和歌集』(岩波日本古典文学大系『古今和歌集』、一九五八)。以下、『古今和歌集』からの引用は同書による。

(3) 梅原猛『美と宗教の発見』(筑摩書房、一九六七)参照。

(4)『新古今和歌集』(岩波日本古典文学大系『新古今和歌集』、一九五八)。以下、『古今和歌集』からの引用は同書による。

(5)『金槐和歌集』(岩波日本古典文学大系『山家集・金槐和歌集』、一九六一)

(6) 坂部恵は、以上のような現実感覚の「移る」を、さらに「映る」「写る」という、少し異なる観点から捉えている(坂部恵「日本文化における仮面と影」『鏡のなかの日本語』筑摩書房、一九八九)が、そのことは第四節であらためてふれる。

(7)『万葉集』(岩波日本古典文学大系『万葉集』、一九六二)。以下、『万葉集』からの引用は同書による。

(8) 西行『山家集』前註(5)。以下、『山家集』からの引用は同書による。

(9) 兼好法師『徒然草』(ちくま学芸文庫、二〇一〇)。以下、『徒然草』からの引用は同書による。

(10)『閑吟集』(岩波文庫、一九八九)

(11) 山本常朝『葉隠』(岩波日本思想大系『三河物語・葉隠』、一九七四)

(12) 浅井了意『浮世物語』(小学館新編日本古典文学全集『仮名草子集』、一九九九)

(13) 国木田独歩『欺かざるの記』(『国木田独歩全集』第六巻、学習研究社、一九六四)。以下、独歩からの引用は同全集による。

(14) 三木清『人生論ノート』(新潮文庫、一九五四)

(15) 吉本ばなな『キッチン』(角川文庫、一九九八)

(16) 村上春樹『1973年のピンボール』(講談社文庫、二〇〇四)
(17) 同『世界の終わりとハードボイルド・ワンダーランド』(新潮文庫、一九八八)
(18) 山崎正和「混沌からの表現」(『生存のための表現』構想社、一九七七)
(19) 相良亨「「おのずから」としての自然」『相良亨著作集』第六巻参照。
(20) 家永三郎「日本思想史に於ける宗教的自然観の展開」(『日本思想史に於ける否定の論理の発達』新泉社、一九六九)、森山重雄『中世と近世の原像』(新読書社、一九六五)、西郷信綱『詩の発生』(未來社、一九六〇)等々。
(21) 寺田寅彦「日本人の自然観」『寺田寅彦随想集(五)』(岩波文庫、一九四八)
(22) 福沢諭吉『福翁百話』(明治文學全集8『福澤諭吉集』筑摩書房、一九六六)
(23) 竹内整一『自己超越の思想』(ぺりかん社、一九八八)
(24)『新訂福翁自伝』(岩波文庫、一九七八)
(25) 坂部恵「日本文化における仮面と影」前註(6)
(26) 伊藤整『近代日本人の発想の諸形式』(岩波文庫、一九八一)。なお、こうした、無常と「おのずから」を重ね受けとめるあり方は、丸山真男「歴史意識の「古層」」(『歴史思想集』筑摩書房、一九七二)も指摘するような「つぎつぎになりゆく」と「移ろひゆく」とのそれでもあるだろう。あらゆるものは「移ろひゆく」というあり方が、同時に「つぎつぎとなりゆく」「いきほひ」でもあると重ね受けとめられたところに、「今の肯定が、生の積極的価値の肯定でなくて、不断に移ろいゆくものとしての現在の肯定である」とする独自な肯定のあり方が育てられてきたということである。
(27) 相良亨『伊藤仁斎』(『相良亨著作集』第二巻、ぺりかん社、一九九六)

(28) 西洋史の権威であった堀米庸三は、「人間の尊厳の思想というものは、ヨーロッパの場合、意識すると否とにかかわらず、キリスト教を前提としている。……日本には、キリスト教が定着しないと同様に、人権の思想、そしてその底にある人間尊重の思想というものも、定着することはなかろうと私は思っております。……それならば、われわれは人間尊厳の思想の代りに何をもっているのかということになるわけですが、私一個の考えによりますならば、私達は、人間と同様に生きとし生けるものの、あるいは生命そのものの、尊厳を信じている。単にそればかりではありません。古代以来のアニミズムの思想、これが仏教と融合して、現在のわれわれの心の奥底にあるのです。……これこそがわれわれの、人間の尊厳乃至は生命の尊厳の思想の、根本的な土壌であり、これを自覚することなしに私達は本当の意味での憲法の精神をつくることは出来ない、と私は信じているのです」と述べている（『わが心の歴史』新潮社、一九七六）。

人間が尊いとする（ならば、その）根本のところを借り物の言い方でなく語ることは、「憲法」や「人権」のみならず、「いのちの尊厳」「尊厳死」等々と、高度に発達した医療技術のもたらした終末期医療の現場での具体的なケアの言葉（思想）としても強く求められている（そのときだけ、われわれは「キリスト教徒」になれるわけではない）。またそのことによってのみ、違う仕方での「人間の尊厳」の捉え方とも実質的に対質し、より高い普遍性、具体性において人間把握を為しうるのであり、人間と自然をめぐるグローバルな環境問題においてもそこから議論を立ち上げなければ空しい抽象論に上滑りしてしまう危険性がつねにある。堀米の発言については、磯部忠正『日本人の信仰心』（講談社現代新書、一九八三）にも言及されている。

(29) 道元『正法眼蔵』（岩波日本思想大系12・13『道元 上・下』、一九七二）

(30) 相良亨「一隅に立つ」(『相良亨著作集』第三巻、ぺりかん社、一九九三) 参照。「一隅に立つ」というあり方は、おのおのの「みずから」がおのおのにおいて、「おのずから」の絶対にふれるということであり、第一章註(28)で述べた「八百万の神々」という神話的原像につながる考え方である。

(31) 木村敏『偶然性の精神病理』(岩波現代文庫、二〇〇〇) は、その難問を、「みずから凝固させることなしには安心して生き延びることのできない人間の生。そこにすべてのニヒリズムの根源がある」と述べている。

第三章

(1) 本居宣長『くず花』(岩波日本思想大系40『本居宣長』、一九七八)。以下、宣長からの引用は、同書による。

(2) 相良亨「持続の価値」『日本人の心』(『相良亨著作集』第五巻、ぺりかん社、一九九二) 参照。

(3) 伊藤仁斎『童子問』(岩波日本古典文学大系97『近世思想家文集』、一九六六)。以下『童子問』からの引用は同書による。
同『語孟字義』(日本の思想11『伊藤仁斎集』筑摩書房、一九七〇)。以下、『語孟字義』からの引用は同書による。以下『字義』と略記。

(4) この点については、源了円『徳川合理思想の系譜』(中公叢書、一九七二) に詳しい。

(5) 野崎守英『道——近世日本の思想』(東京大学出版会、一九七九)

(6) 柄谷行人「江戸の精神」(『現代思想』一九八六年九月臨時増刊号)、「注釈学的世界」(『季刊文藝』、一九八六年春季—秋季号)

(7)『論語古義』総論。前註(3)『伊藤仁斎集』。

(8)仁斎において「俗」と峻別される「俗気」とは、「俗儒」「俗見」「俗師」「世俗駁雑」等々と使われるときの「俗っぽさ」の謂である。その中味は、「大抵、有は無に生ずるの論は、もと本俗見に出づ」(下26)というように、基本的には、「俗」(卑近な「人倫日用」)から離れて生半可な「理」のさかしらを弄ぶ態度をさしている。

(9)伊藤仁斎『日礼』(岩波新日本古典文学大系99『仁斎日礼他』、二〇〇〇)。以下『日礼』からの引用は同書による。

(10)相良亨『伊藤仁斎』など。

(11)この意味で同然性は、人の性の個別・有限を認めながら「性善」(『孟子』)であるという性の「相近」(「性相近し」『論語』)に基づいている。

(12)「自暴自棄」とは、まさに「智を用ひ自ら私(みずか)(わたくし)」するあり方であり、「自暴自棄せざる者、千百の一二のみ」(上15)と、いかにわれわれの通常に巣くう、免れがたい傾向性であるかが指摘されている。まさに、「みずから」の無残な遺棄状態である。

(13)『中庸発揮』からの引用は、前註(3)『伊藤仁斎集』。

(14)仁斎は、人倫(人道)と天地(天道)との関わりについて、「天人一道と謂ふときは則ち可なり」といいつつ、同時に「混じて一にす可らず」とも説いている(『語孟字義』道)。この、いわば不一不異性は、朱子学的「理」の「万物一原」の天人同一論への、わずかではあるが、決定的な反論となっている。

(15)「明らかに之を言はんと欲するときは、則ち義解に落つ」には、親鸞「自然法爾章」の「常に自然をさたせば、義なきを義とすといふことは、なほ義のあるになるべし」（岩波日本思想大系11『親鸞』）と同質の限定を読みとることができる。

（16）国木田独歩「岡本の手帳」（『国木田独歩全集』第一巻）

第四章

（1）国木田独歩「驚異」（『国木田独歩全集』第一巻、一九六五）

（2）同『欺かざるの記』（『国木田独歩全集』第六巻）

（3）独歩の自己確立は、たとえば、「余は余なり。余に取りて余程大なる者あるか。余は余の全体に非ずや、宇宙間余に取りては只(た)だ一個の余なり、余は自ら如何なる場処、如何たる時にも二個の余を見出す能はざる也、此の余は則ち余全体なり」（28・8・28）というように、この天地宇宙に唯一無二なる、それ自体一つの完結した「全体」存在としての確立がめざされている。つまり彼において「みずから」とは、何よりこうした唯一性、完結性をおびた、いわば名詞的固有として、輪郭立て実体化することが願われている（〝独歩〟とは、そうした願いをこめた雅号であった）。拙著『自己超越の思想』参照。

（4）北村透谷「人生に相渉(わた)るとは何の謂ぞ」（岩波文庫『北村透谷選集』、一九七〇）

（5）「蟪蛄(けいこ)春秋を知らず　伊虫(いちゅう)あに朱陽の節を知らんや（夏蟬は春秋を知らない。とすれば、この虫はどうして夏を知っているといえようか、いや知らないのだ）」（親鸞『教行信証』岩波日本思想大系11『親鸞』、一九七一）

（6）真木悠介（見田宗介）『時間の比較社会学』（岩波現代文庫、一九八一）参照。真木は、とりわけ近代理性の所産である「時間のニヒリズム」を「〈抽象的に無限化されてゆく時間関心〉と〈帰無してゆく不可逆としての時間了解〉」と分析している。なお前章では、伊藤仁斎の、天地宇宙をいたずらに「高遠」に求めるとき、それはかならずや虚無や「邪説暴行」を招くにいたるという洞察を見た。

(7)「彼は鋭い頭脳のために地上を見ずにはいられないながら、やはり柔かい心臓のために天上を見ずにもいられなかつた。」(芥川龍之介「文芸的な、余りに文芸的な」『侏儒の言葉・文芸的な、余りに文芸的な』岩波文庫、二〇〇三)

(8) 独歩には、同様の認識論的状況を問うた同時代人、北村透谷の「想世界」や岩野泡鳴の「破壊的主観主義」、また第六章の清沢満之の「精神主義」といったような、内的世界・「主観」世界に突き進んで行こうとする発想はない。

(9) 氣多雅子『ニヒリズムの思索』(創文社、一九九九)は、現代のニヒリズムを論じて、「かつて存在のリアリティはまさに神の不在のリアリティとして現成し得た。ところが神が相対的なものとして顕わになったとき、絶対者たる神のリアリティは崩壊せざるを得なかった。そのとき我々は、存在のリアリティを神の不在のリアリティへと裏返すことで世界の深さを再獲得することができた。しかし、ここに至って、リアリティは存在と不在の葛藤から跳び出してしまい、「現実」はそこに無を担わせ続ける営みとは無縁のものとなってしまったのではないか」と述べている。その、存在と不在のリアリティを失った「現実」とは、ここでの独歩の、wonderful, fearful も驚きえない「現実」の解説になっている。

(10) 拙著『自己超越の思想』では、その間の事情を、とくに「哀感」の分析として試みた。

(11)「人間は本質的に曖昧な存在であり、現実は曖昧であるのが本来の姿であって、その曖昧さに耐え得る心こそ自我の存在証明だ」（山崎正和「三島由紀夫に背を向けた十年」朝日新聞、一九八五年一二月四日）。

(12) 柳田国男『先祖の話』（筑摩書房、一九四六）

第五章

(1) 高山樗牛「無題録」（『樗牛全集』第二巻、博文館、一九一二）。以下、高山樗牛からの引用は、同全集による。

(2) その自己は、「極端にして、而かも最も純粋なる個人主義」の自己でありながら、しかしそれは、「個」の無制限の露出であって、実質的にはすでに輪郭なき抽象の非個性自己でしかない。

(3) 安倍能成「自己の問題として見たる自然主義的思想」（明治文學全集75『明治反自然派文學集(二)』筑摩書房、一九六七）。

(4) 柳田国男『婚姻の話』（『定本柳田國男全集』第一五巻、筑摩書房、一九六三）。

(5) 「はじめに」でふれたように、高村光太郎は、自然を指標とした思想・生活をめざしたが、しかしその自然は、たとえば、こう語られるものでもあった。「二千六百年の後、／今またわたくしは此処に居る。／今はどういふ時だ。／天皇はわれらの親（みおや）／その指さしたまふところ、／天然の機（とき）、おのづから迫り……」（「紀元二千六百年にあたりて」）、あるいは、「はるかな歴史のやうでもあり、／一足とびのやうでもある。／二千六百年を貫くもの、……／時間を超えて今新しく自覚せしめる。／中世はかへつてふるく／古代は直接にして新しい。／われはいま物の原始にあり、／一切はむしろ初代を意味する」（「原始にあり」『高村光太郎全集』第二巻、筑摩書房、一九九四）。

それは、「千古を貫通した我々の自然」という柳田のそれにきわめて近いようでありながら、しかし微妙に異なっている。ここでの高村の考え方には、柳田の、変わり行き成長するという「歴史的な自然」への視点はない。「中世はかへつてふるく／古代は直接にして新しい」という自然には、ごく普通の民（「常民」）が永年つちかってきたところの「活き方又集り方」の「おのづから」の歴史は捨象されている。

(6)「君などは束縛を非常に嫌つてなんでも自由でなければならないように言ふけれど、「やさしい束縛」なら僕は喜んで受ける。そうした束縛が無くつては僕は淋しくてたまらん」。――あえて婿入りという束縛を選び取ろうとするとは気がしれないとの、独歩・花袋らの批判への、柳田の反論である（田山花袋『妻』）。こうした「やさしい束縛」は、柳田にとってはそれがなくては「淋しくてたまらない」という、生きる人間の基本要件ともいうべきものであったが、個人としての自己の独立を求める花袋や独歩らにとっては、むしろふりほどくべき「係蹄」のように感じられていたものであった。（拙著『「やさしさ」と日本人』参照）。

(7) 見田宗介『現代日本の思想と感覚』（講談社学術文庫、一九九五）

(8) 竹内整一「近代日本における愛の虚偽論」（関根清三編『講座　性と結婚』、日本基督教団出版局、一九九九）

(9) 夏目漱石『それから』（『定本漱石全集』第六巻、岩波書店、二〇一七）。以下、漱石からの引用は、同全集による。

(10) 佐藤正英『隠遁の思想』（ちくま学芸文庫、二〇〇一）序章「なぜ隠遁か　夏目漱石『行人』をてがかりとして」参照。

(11) 山崎正和『不機嫌の時代』(新潮社、一九七六)

(12) 森鷗外「かのやうに」(『鷗外全集』第一〇巻、岩波書店)。以下、鷗外からの引用は同全集による。

(13) 拙著『「やさしさ」と日本人』参照。

(14) 山崎正和『鷗外　闘う家長』(河出書房新社、一九七六)

(15) 森茉莉「棘」(『森茉莉・エッセー』第一巻、新潮社、一九八二)

(16) 美的用語でもあった「やさし」には不可避的に演技性の要素が含まれている。「やさし」と訓じられた漢語「優」とは、本来「わざおぎ(俳優)」の意である。「やさし」のもっとも近い類義語である「情け」にしても、同様の傾向が多分に指摘できる。そうしたものが度を越せば「偽善」と批判されるのであるが、そうしたものが欠如したあり方が、まさに「情けない」あり方になるのである。(『「やさしさ」と日本人』参照)。

(17) 小堀杏奴『晩年の父』(岩波書店、一九三六)

(18) 「やさし」という言葉は、時代的変遷を経つつも、内なる高いポテンツを抑えて節度を持って他者なり場なりに関わる、という基本枠がある。何より「やさし」とは「痩(や)せと同根」(『岩波古語辞典』)、「身も心も痩せ細るほどに恥ずかしい」という、他者や場への緊張した恥意識から出発した言葉なのであり、それは、自己自身への関心を含みつつも、かならずや何ほどかの「公」意識を構成するものである(『「やさしさ」と日本人』参照)。

（1）福沢諭吉『福翁百話』第二章註（22）

（2）清沢満之については、前掲『自己超越の思想』でも、「煩悶」する近代自己として考察したが、ここではそこでは問いきれなかった点を中心に新たに問い直した。なお清沢満之の思想全般については、吉田久一『清沢満之』（吉川弘文館、一九六一）、寺川俊昭『清沢満之論』（文栄堂書店、一九七三）、また阿満利麿『宗教の深層』（人文書院、一九八五）等々に教えられることが多かった。

（3）清沢満之「精神主義（その一）」（『清沢満之全集6』法藏館、一九五三）。以下、清沢からの引用は、同全集による。必要に応じて、小文の表題を附しておいた。

（4）司馬遼太郎『歴史と小説』（河出書房新社、一九六九）

（5）三宅雪嶺『宇宙』（明治文學全集33『三宅雪嶺集』筑摩書房、一九六七）

（6）このような〈信〉は、それがいかにこうした近代用語で語られ近代経由の発想にみえようとも、むろん清沢にしてみれば、その根のところは親鸞から受け継いだものであり、その新たなる蘇生であると捉えられていた。『歎異抄』第二条の親鸞は、法然を、これこれこういう人でこれこれのことにはこれこれと確かな知で説明してくれたからといって〈信〉じたわけではない。あるいは、阿弥陀如来や往生を、これこれのお経や法文にこれこれという確かな根拠や客観データがあるからといって〈信〉じたわけではない。これこれこういう根拠や事実があるから〈信〉じるというのは、清沢にいわせれば、〈信〉じているのではなく、たんに「当て」にし「期待」しているだけのことだ、ということになる。

（7）清沢は『宗教哲学骸骨』では、「伏断と長養とは畢竟同一事項の両面なりと雖も、吾人有限の見解に於ては、その間に自ら差別なき能はず。即ち、自力門は伏断を表面とし長養を裏面とするに対して、他力門は長養を表面にし伏断を裏門とするものとす」と説いている。なお、「臘扇記」の「交互に刺戟策励して」は、直接的には、信仰と修善のそれについて述べたものであるが、それは、「修善を勧めんとせば、又従来の自力的妄念の紛起するを感知せん。是れ却つて愈々他力を信楽するの刺戟なる可し。此の如く信仰と修善と交互に刺戟策励して、……」云々といった文脈で語られるものであり、本文で用いたように転用することもできる。

(8) 武田清子「自己超越の発想」(『近代日本思想史講座3』筑摩書房、一九六〇)

(9) 北森嘉蔵『日本人の心とキリスト教』(読売新聞社出版局、一九七三)

(10) 宮沢賢治「『注文の多い料理店』新刊案内」(『宮沢賢治全集8』ちくま文庫、一九八六)

(11) 西田幾多郎「『国文学講話』序」(『思索と体験』『西田幾多郎全集』第六巻)。なお、西田の『善の研究』最終章の「知と愛」は、清沢の主宰する『精神界』に発表されたものである。このような人生(ライフ)の「深き意味」を求める学問営為が『善の研究』に結実していった経緯については、久野昭『近代日本と反近代』(以文社、一九七二)に詳しい。

(12) 正宗白鳥「内村鑑三」(『正宗白鳥全集』第九巻、新潮社、一九六五)。以下、正宗白鳥からの引用は同全集による。

(13) 清沢の言い方でいえば、絶対無限と相対有限は同一体でありながら、有限の側からは無限はどこまでも別体たらざるを得ないという「根本の撞着」のありようである。

第七章

(1) アルフォンス・デーケン『死とどう向き合うか』(日本放送出版協会、一九九六)

（2）大井玄『終末期医療』（弘文堂、一九八九）は、日本においては、告知したとたん、その患者が異邦人化してしまい、まわりは気を遣いながらもそれにどうコミュニケーションをとっていいのか分からなくなるという実態を指摘して、それをオートノミー（自律）に基づくアングロサクソン系のコミュニケーションとの違いとしてとらえている。

（3）吉本隆明・河合隼雄・押田成人『思想としての死の準備』（三輪書店、一九九三）

（4）国木田独歩『病牀録』（『国木田独歩全集』九巻、一九六六）

（5）第四章で見たように、独歩にはしかし、こうしたあり方には必ずしも収斂しない「小民共感」といった、柳田国男の「常民」論にも（また、このあと見る白鳥の「凡人」論にも）つながる思想契機のあったことは見落とせない。

（6）正宗白鳥「文学に於ける「解決」是非」（『正宗白鳥全集』第二五巻、福武書店、一九八三）。以下、白鳥からの引用は、同全集による。

（7）三好十郎『恐怖の季節』（作品社、一九五〇）

（8）前章でも少しふれたが、白鳥もまた、みずからの信仰を「空想」という微妙な言い方で把握していた。その点については、さきに引用した「今日を生きてゐると、明日はもう一つの光がさすんぢやないか。……つまり世界はこのまゝでいゝんぢやないか」の省略部分の文章をめぐって、拙著『自己超越の思想』に詳しく検討しておいた。

（9）加藤周一他『日本人の死生観』（岩波新書、一九七七）

（10）榊原康夫『マタイ福音書講解』（小峯書店、一九七二）

（11）関根正雄・伊藤進『マタイ福音書講義』（新地書房、一七八五）

(12) 内村鑑三「悪の処分」『聖書之研究』(『内村鑑三聖書注解全集』第八巻、教文館、二〇〇五)
(13) 太宰治「新郎」(『太宰治全集』第五巻、ちくま文庫、一九八九)
(14) 丸山真男「歴史意識の「古層」」第二章註(26)
(15) 小西甚一『一言芳談』(ちくま学芸文庫、一九九八)
(16)『和泉式部集 和泉式部続集』(岩波文庫、一九八三)
(17) 荒木博之『やまとことばの人類学』(朝日新聞社、一九八五)
(18) さきに引いた太宰の、遺書代わりに書いたという処女小説集『晩年』の最初の作品「葉」は、「死のうと思っていた」と書き出されながら、「どうにか、なる」という文で終わっている。
(19) アン・リンドバーグ「日本紀行(North to the Orient)」(深沢正策訳『北方への旅』改造社、一九三五)では、日本人の「さようなら」という言葉が、「そうならねばならぬのなら」という諦めのこめられている、世界に類のない美しい言葉だと述べている。それはしかし、かならずしも「さようであるならば」の確認や志向の含意と矛盾しない。いずれにおいてもそこでは、その場に大きく働いている「何かしらの必然」(「おのずから」)がどれほどかが感取された表現だからである。詳しくは、拙著『日本人はなぜ「さようなら」と別れるのか』(ちくま新書、二〇〇九)参照。
(20) 道元『正法眼蔵』第二章註(29)
(21) 明恵『明恵上人行状記』(森江書店、一九三二)
(22)『平家物語』(小学館新編日本古典文学全集45・46『平家物語』、一九九四)
(23) 相良亨「『平家物語』」(『相良亨著作集』第四巻、ぺりかん社、一九九四)
(24) 河合隼雄・中沢新一『「あいまい」の知』(岩波書店、二〇〇三)

なお、第四章註(11)の山崎正和「人間は本質的に曖昧な存在であり、現実は曖昧であるのが本来の姿であって、その曖昧さに耐え得る心こそ自我の存在証明だ」も、あらためて注目される。

第八章

(1) 唐木順三『無常』(筑摩書房、一九六三)

(2) ニーチェ『権力への意志』第一章註(2)

(3) 三好十郎『恐怖の季節』第七章註(7)

(4) 見田宗介『現代日本の思想と感覚』第五章註(7)

(5) 石牟礼道子「海はまだ光り」(『思想の科学』一九八六年六月号)

(6) 竹内整一「〈空想〉のコスモロジー」(相良亨編『超越の思想』東京大学出版会、一九九三)

(7) 宮沢賢治『春と修羅』(『宮沢賢治全集』第一巻、ちくま文庫、一九八六)

(8) 吉本隆明「賢治文学におけるユートピア」(『国文学』一九七八年二月号)に、この指摘がある。

(9) 立花隆『宇宙からの帰還』(中央公論社、一九八三)

(10) 『望月仏教大辞典』(世界聖典刊行協会、一九五四―六三)

(11) 真木悠介(見田宗介)『気流の鳴る音』(ちくま文庫、一九八六)

(12) 世阿弥『風姿花伝』第一章註(20)

(13) 和辻哲郎『面とペルソナ』(『和辻哲郎全集』第一七巻、岩波書店、一九六三)

(14) 増田正造『能の表現』(中央公論社、一九七一)

(15) 世阿弥「姨捨」(小学館日本古典文学全集33『謡曲集(1)』、一九七三)

(16) 相良亨「「姨捨」の孤絶」(『相良亨著作集6』)
(17) 西田幾多郎『日本文化の問題』第一章註(3)
(18) 森本哲郎『日本語 表と裏』(新潮文庫、一九八八)
(19) 「「宗教そのもの」の基本構造は、徹底性ということとどんでん返しということである」(北森嘉蔵『日本人の心とキリスト教』第六章註(9))
(20) ただ、日本人の「あきらめ」や「どうせ」にふくまれる感傷の問題は、「うたふ(歌ふ、唱ふ、謡ふ)」ということ、また「あはれ」「かなし」ということなどにふくまれる本覚論的発想の問題も合わせて、さらに複合的・包括的に考える必要がある。拙著『「かなしみ」の哲学』(NHKブックス、二〇〇九)で、「「かなしみ」のセンチメンタリズム論」の可能性として詳論した。
また、鷗外・白鳥の「あきらめ」とは、ついに真実を「明らめ」えない、「底」に達しえないというところでの「明らめ」「諦め」でありながら、それぞれの仕方での〈他〉の認知・承認であって、それぞれの仕方での〝転回〟でもあったということができる。
(21) アルフォンス・デーケン「死の準備教育」(『生と死の教育』、岩波書店、二〇〇一)に、死の受容における、こうしたユーモアの意義が説かれている。
(22) 正岡子規「死後」(『正岡子規集』、改造社、一九二八)
(23) 中江兆民『続一年有半』(明治文學全集13『中江兆民集』筑摩書房、一九六七)
(24) こうしたユーモアに似たものにイロニーがあるが、この点においてはまったく異なる。イロニーにおいては、いかに「空」が確認されようと、されればされるほど自己内部の主観性を閉じるかたちで、その「空」しさを冷笑する、なお空しい自己がとどめられている。

II

(1) 柳田国男『毎日の言葉』(角川文庫、一九六四)
(2) 西行『山家集』第二章註(8)
(3) 芭蕉『嵯峨日記』(『芭蕉紀行文集 付嵯峨日記』岩波文庫、一九七一)
(4) 蕪村「夜半亭発句集」(『蕪村俳句集』岩波文庫、一九八九)
(5) 大西克禮『幽玄とあはれ』(岩波書店、一九七〇)
(6) 若山牧水『海の声』(『若山牧水全集』第一巻 雄鶏社、一九五八)
(7) 同『牧水歌話』(同『全集』第三巻)
(8) 同『独り歌へる』(同『全集』第一巻)
(9) 伊藤左千夫「信州数日」(『左千夫全集』第一巻 岩波書店、一九七六)
(10) 斎藤茂吉「「さびし」の伝統」(『斎藤茂吉全集』第一四巻 岩波書店、一九七五)

なお、「寂寥」という漢字について。漢字で「さびし」と訓ませている「寂」「寥」「寞」は、いずれも「うかんむり」で、家の中が「叔(人声もなくひっそりとしている)」、「翏(うつろにすいていること)」、「莫(姿も声もないこと)」(『漢字源』)という意味で、家の中という人間事象の「さびしさ」を表現した言葉である。漢字「淋」は旁り(つく)の「林」が木立の続く林の意味で、それに「氵(さんずい)」がついて水が絶えずしたたり流れるという意味である(同)。そこに「さびし」という意味は本来ない。「天然の寂寥相」とは、こうした「淋」という字をも「さびし」と訓んできた日本語の感受性のあり方の問題でもある。

(11) 西脇順三郎「自然の哀愁」（住井すゑ編『哀（日本の名随筆99）』作品社、一九九一）
(12) 大野晋『日本語の年輪』（新潮文庫、一九六六）
(13)『古語拾遺』（岩波文庫、一九八五）
(14) 世阿弥『風姿花伝』第一章註(20)
(15) 同「松風」第八章註(15)
(16) 同「砧」（小学館新編日本文学全集59『謡曲集(2)』、一九九八）
(17) 同「隅田川」第八章註(15)
(18) 同「江口」第八章註(15)
(19) 同「金島書」第一章註(20)
(20) 同「養老」第八章註(15)
(21) 村上和雄『人は何のために「祈る」のか』（祥伝社黄金文庫、二〇一〇）
(22) 木村敏『あいだ』第一章註(29)
(23) 高史明『いのちの優しさ』（ちくま文庫、一九八七）
(24)『後拾遺和歌集』（岩波文庫、一九四〇）
(25)「吉田松陰書簡」（『吉田松陰全集』第五巻　岩波書店、一九三五）。なお、『留魂録』（同全集第四巻）冒頭には、「身はたとひ武蔵の野辺に朽(くち)ぬとも留置(とどめお)かまし大和魂」という、死を直前にして歌った歌がある。
(26) たとえば、日本語の「自発」という言葉は、ふつうは、「みずから」の意志で進んでという意味で用いられることが多いが、文法用語「自発の助動詞」というときは、「思われる」「感じられる」のように、(「みずから」の意志に関わりなく)「おのずから」起こってしまうという意味で用いられている。ボランティア活動など、まさに「みずから」の自由意志でなされることも、その初発における、そうしなければ、という思いは、「みずから」を超えた「おのずから」の働きに急き立てられている。「誠」の働きにも同様の思想構造がある。

(27) 折口信夫「原始信仰」(『折口信夫全集』第二十巻　中公文庫、一九八四)

(28) 柳田国男『先祖の話』第四章註(13)

(29)『赤人集』(『和歌文学大系17』明治書院、二〇〇四)

(30)『堀河院百首和歌』(『和歌文学大系15』明治書院、二〇〇二)

(31)『志濃夫廼舎歌集』(『和歌文学大系74』明治書院、二〇〇七)

(32) 川端康成「抒情歌」(新潮文庫『伊豆の踊子 改版』、二〇〇三)「「抒情歌」は川端康成を論ずる人が再読三読しなければならぬ重要な作品である。……川端氏の切実な童話であり、童話とはまた、最も純粋に語られた告白である」(三島由紀夫　同文庫「解説」)。

(33)『川端康成随筆集』(岩波文庫、二〇一三)

(34) 磯部忠正『「無常」の構造――幽の世界』第一章註(5)

(35) 平田篤胤『霊の真柱』(岩波文庫、一九九八)

(36) 第一章四節　世阿弥の「其分〴〵の理を鳴く」参照。「おの〴〵」の「みずから」は、けっして解消しえない「おの〴〵」を生きつつ、なお宇宙・自然のリズムにおいて「ことごとくおの〴〵」として「成就」せしめられるという考え方につながる。

(37) 西田幾多郎「場所の自己限定としての意識作用」(『西田幾多郎全集』第六巻、岩波書店、一九九六

五）

（38）西田幾多郎「『国文学講話』序」第六章註（11）

（39）国木田独歩「忘れえぬ人々」（『武蔵野』新潮文庫、一九四九）

（40）綱島梁川『心響録』（『梁川全集5』、春秋社、一九二一）

（41）村上春樹「非現実的な夢想家として」https://blog.goo.ne.jp/harumi-s_2005/e/5e18920119e56de25a99aaaf81a16a4f

（42）九鬼周造「日本的性格」第一章註（4）

（43）道元『正法眼蔵』第二章註（29）

（44）正岡子規「病牀六尺」（『正岡子規集』、講談社、一九六八）

（45）田山花袋「広い空間」（『田山花袋全集』第一五巻、文泉堂、一九七三）

（46）九鬼周造『「いき」の構造』（岩波文庫、一九七九）

（47）竹内整一編著『無根拠の時代』（大明堂、一九九六）

（48）岡倉天心『茶の本』（岩波文庫、一九六一）

（49）芭蕉「笈の小文」（岩波日本古典文学大系46『芭蕉文集』、一九五九）

（50）鴨長明『無名抄』（岩波日本古典文学大系65『歌論集・能楽論集』、一九六一）

竹内整一『自己超越の思想』（ぺりかん社、一九八八）

同　『日本人はなぜ「さようなら」と別れるのか』（ちくま新書、二〇〇九）

同　『「かなしみ」の哲学』（ＮＨＫブックス、二〇〇九）

同　『花びらは散る　花は散らない』（角川選書、二〇一一）
同　『やまと言葉で哲学する』（春秋社、二〇一二）
同　『やまと言葉で〈日本〉を思想する』（春秋社、二〇一五）
同　『ありてなければ』（角川ソフィア文庫、二〇一五）
同　『「やさしさ」と日本人』（ちくま学芸文庫、二〇一六）
同　『日本思想の言葉』（角川選書、二〇一六）
同　『魂と無常』（春秋社、二〇一九）
同編著『無根拠の時代』（大明堂、一九九六）
竹内整一・島薗進編著『死生学1　死生学とは何か』（東京大学出版会、二〇〇八）
竹内整一・金泰昌編著『「おのずから」と「みずから」のあわい』（東京大学出版会、二〇一〇）

＊なお、引用においては、仮名遣いを適宜変更したところがある。

あとがき

「伝統を流れてきた「おのずから成る」という発想は、倫理学の根本原理を考えるにあたって如何なる意味をもつか」――。

儒学から武士道、国学、芸道論、と一貫して日本倫理思想史を研究して来られた相良亨先生が、晩年ずっと考えておられたのは、こうした問題であった。最後の病床での、われわれとの研究会でのテーマも、もっぱらこの問題をめぐってのものであった。その模様の一端は、私の文責で、「倫理学原論としての「おのずから」形而上学メモ」として、季刊『日本思想史』(No. 57) 誌上にまとめておいたが、そこでは、この問題を引き継ぎ考えることが、われわれに課せられた大事な宿題であると記しておいた。

そうした折りしも、あるとき、私の書いたものをいくつかまとめて読んでくださった方に、竹内さんのものは、「おのずから」と「みずから」をめぐってですね、と指摘され、すこしとまどいながらも嬉しく思ったことを覚えている。とりたててそうしたテーマでまとめて考えてきたわけではないが、今述べたような事情もあったし、そのような方向で考えてみようと思っていた矢先のことだったからである。

あらためて「おのずから」と「みずから」というテーマで一冊にまとめてみようと思ったのは、そのころからであった。「おのずから」と「みずから」の組み合わせにおいて、日本人の思想文化のもっている問題点の、ある側面を見わたしてみようと思ったのである。

ここ数年ある事情から、「応用倫理」という、もっとも現代的な課題にも関わっているが、じつはそこにも、この「おのずから」と「みずから」という視点が有効であるように思っている。生命や環境、技術の、新しい〝倫理〟を考える根本において、それぞれの諸問題が、どこまでが「みずから」の問題であり、どこからが「おのずから」の問題であるかが、相関として問われているように思われるからである。いうまでもなくそれは、この本で取り扱ったそれぞれの思想家の、それぞれの場面において問われていた問いと基本的に異なるものではない。

むろんそこに、「おのずから」や「みずから」が、あたかも固定した指標のごとく、既成の概念としてころがっているわけではない。本文でも見たように「おのずから」とは「やはり辛苦して是から捜し出すの外はない」（柳田国男）ものであり、「みずから」もまたけっして自明な輪郭をもっているものではない。「おのずから」も「みずから」も、ともに副詞なのである。「おのずから」と「みずから」とを、あらためて相関項として立てて問うことにおいて見えてくることを摑みとることができるだけである。本文でくりかえした「あわい」とは、その間の消息をも意味している。

実質的な中味においてどれだけのことが果たされているか、はなはだ心許ないが、ともあれ以上のような経緯、もくろみにおいてこの本は書かれている。

本書ができるにあたっては、多くの方々のお世話になりました。このテーマに関わる内容で行った講義や演習では、さまざまなご意見や問題提起を受けました。とくに、ここ数年主査をしてきた「多分野交流演習」でのゼミナリストの皆さんのご議論からは、この問題を考えるうえでの大事なヒントを数多く与えて頂きましたし、東大医学部を拠点にした学部横断組織UTIF（University of Tokyo Interfaculty 稲葉俊郎代表）の皆さんには、このテーマで、何日も長時間にわたるディスカッションをして頂き貴重なご意見を伺うことができました。また、渋谷治美さん、田中久文さんには、草稿段階で全体を読んで頂き、それぞれ有益なコメントやアドバイスを頂きました。

最後に、この仕事を春秋社でと、お誘い頂いた井上尚子さんと、内容や構成など全般にわたって、いろいろご教示頂いた佐藤清靖さんに心からお礼を申し上げます。お二人のご尽力がなければこの本はできませんでした。記して謝意を表します。

平成一五年初冬　　竹内　整一

文庫版あとがき

女優の樹木希林さんが亡くなるすこし前に出版した『一切なりゆき』という本は、百数十万部の大ベストセラーになった。

年老いてきたこと、がんが全身に広がってきたことなど、それらに抗うことなく「一切なりゆき」に任せていこうとする希林さんの生き方（死に方）が、読者の、広い共感を呼んだからであろう。

――「逃げたってがんは追いかけてくるんだから、……逃げることもせず、やっつけもできないからそのまんまいるっていう感じです」、「「こんなはずではなかった」「もっとこうなるべきだ」という思いを一切なくす。自分を俯瞰して、「今、こうしていられるのは大変ありがたいことだ、本来ありえないことだ」と思うと、余分な要求がなくなり、すーっと楽になります」

しかし、百三十万部突破の増刷本の帯文で、あれっと思った。そこには、「自分勝手が一番いいんじゃない？」とあったからである。新聞広告でも、この言葉は一等大きく扱われていた。「自分勝手が一番いいんじゃない？」とは、「一切なりゆき」、あるいは、最初の帯文であった「求めすぎない。欲なんてきりなくあるんですから」とは、そうとうに意味合いが違う（ように見えた）。

本文には「自分勝手が一番いいんじゃない？」という言葉は見当たらないので、これは編集部の宣伝コピーなのだろう。が、同書には、たとえば、「おごらず、他人と比べず、面白がって平気に生きればいい」とか、「わたしはつねに個人的にものを考えるんですね。世の中がどうだというふうには考えないんです。わたしが見て、今食べたいものとか、わたしが好きなものとかいうところを全部取り入れちゃうんです」など、たしかに、あるいは「自分勝手が一番いいんじゃない？」とまとめられるような文言も多い。

そもそもが、「一切なりゆき」という言葉も希林さんの言葉としては見当たらない。「逃げることもせず、やっつけもできないからそのまんまいる」「「もっとこうなるべきだ」という思いを一切なくす」といったあたりの言い換えなのだろう。

しかし多少の誇張はともあれ、希林さんがこうした二つのことを主張していたのは事実である。つまり、この本においては、本来異なるはずの「一切なりゆき」と「自分勝手が一番」の二つのことが書かれており、しかし、それらはかならずしも相容れないものではなく、一つのこととしても、また別なこととしても語られているのである。むしろ、そうした、「おのずから」に任せることと、「みずから」好きなようにすることとの重なりとズレ、その「あわい」にこそ、この本の独特な魅力があるように思う。

――「面白いわよねぇ、世の中って。「老後がどう」「死はどう」って、頭の中でこねくりまわす世界よりもはるかに大きくて。予想外の連続よね。……面白がることよ。……面白がらなきゃ、やってけないもの、この世の中」、「死というのは悪いことではない。それは当たり前にやってくるもので、自分が生きたいように死んでいきたい」

一般的にいって、〝自発〟という日本語にも似たような事情がある。これは、ふつうに「自発的にやる」「自発性を重んじる」というように、「①自ら進んで行うこと」（『広辞苑』）の意味で鎌倉時代から使われている。が、同時にこの言葉は、「②自然に起こること」（同）という意味でもある。「自発の助動詞」というときの、あの「自発」である。

自発の助動詞とは、「思われる、感じられる」の「れる、られる」のことである。それは、「みずから」が否定しようが抑えようが、どうしてもそう思われてならない、感じられてならないという自発、つまり、「おのずから」発する、起こるという意味である。

「自ら進んで行うこと」と「自然に起こること」。この、かなり違うはずのことを、日本人はともに〝自発〟と言ってきたのである。ここでは詳論しないが、そこにはたとえば、ある活動に自発的に参加しようとするとき、その「みずから」の始まりは、そう思われてならない、感じられてならないという「おのずから」の働きに促（うなが）され、突き動かされているという以外ないというようなことでもある。

このような問題は、「自」という一文字を、「おのずから」とも「みずから」とも訓んできた日本語、日本人には、どこにでもあり、どこまでもつきまとう問題である。本書のもくろみは、そのことをあらためて日本思想の基底への問いとして考え直してみることであった。

今回、この本を文庫化するにあたり、全編にわたって大幅に改訂しました。削った章もありましたし、あらためて加えた章もあります。ここ二十数年来考えてきたことのまとめでもあります。なお、さらに関心のある方は、本書と同じ問題意識で、十数人の方々と長期間の議論を経てまとめられた『「おのずから」と「みずから」のあわい』(竹内整一・金泰昌編　東京大学出版会)もご参照いただければと存じます。

最後に、この本をちくま学芸文庫にとお誘いいただいた北村善洋さんには、『「やさしさ」と日本人』に引き続いてお世話になりました。今度もまた、迷走しがちな仕事ぶりにずっとご伴走いただき、何とか出版にこぎつけることができました。北村さんのご尽力がなければこの本はできませんでした。記して謝意を表します。

令和四年秋涼　　竹内　整一

本書は、二〇〇四年に二月一日に初版が、二〇一〇年八月三十日に増補版が春秋社より刊行された。文庫化にあたっては再構成し、加筆修正を行った。

基礎講座 哲学　木田元・須田朗 編著

日常の「自明と思われていること」にはどれだけ多くの謎が潜んでいるのか。哲学の世界に易しく誘い、その歴史と基本問題を大づかみにした名参考書。

あいだ　木村敏

自己と環境との出会いの原理である共通感覚「あいだ」。その構造をゲシュタルトクライス理論および西田哲学を参照しつつ論じる好著。（谷徹）

自分ということ　木村敏

自己と時間の病理をたどり、存在者自己と自己の存在それ自体の間に広がる「あいだ」を論じる木村哲学の入門書。（小林敏明）

自己・あいだ・時間　木村敏

間主観性の病態である分裂病に「時間」の要素を導入し、現象学的思索を展開する。精神病理学者である著者の代表的論考を収録。（野家啓一）

分裂病と他者　木村敏

分裂病者の「他者」問題を徹底して掘り下げた木村精神病理学の画期的論考。「あいだ＝いま」を見つめ開かれる「臨床哲学」の地平。（坂部恵）

新編 分裂病の現象学　木村敏

分裂病を人間存在の根底に内在する自己分裂に根差すものと捉え、現象学的病理学からその自己意識や時間体験に迫る、木村哲学の原型。（内海健）

近代日本思想選 西田幾多郎　小林敏明 編

近代日本を代表する哲学者の重要論考を精選。理論的変遷を追跡できる形で全体像を提示する。『日本文化の問題』と未完の論考「生命」は文庫初収録。

近代日本思想選 九鬼周造　田中久文 編

日本哲学史において特異な位置を占める九鬼周造。時間論、「いき」の美学、偶然性の哲学など、その思考の多面性が厳選された論考から浮かび上がる。

近代日本思想選 三木清　森一郎 編

人間、死、歴史、世代、技術……。これらのテーマに対し三木はどう応えたか。哲学の可能性を追究した〈活動的生の哲学者〉の姿がいま立ち現れる。

ちくま学芸文庫

「おのずから」と「みずから」　日本思想の基層

二〇二三年一月十日　第一刷発行

著　者　竹内整一（たけうち・せいいち）
発行者　喜入冬子
発行所　株式会社　筑摩書房
東京都台東区蔵前二―五―三　〒一一一―八七五五
電話番号　〇三―五六八七―二六〇一（代表）
装幀者　安野光雅
印刷所　株式会社精興社
製本所　加藤製本株式会社

ISBN978-4-480-51155-3 C0112